大中小一体化生涯教育成长指南

我的志愿我做主

高考志愿选报和 3+X 选科完整解决方案

王 琦 著

哈爾濱工業大學出版社

图书在版编目(CIP)数据

我的志愿我做主:高考志愿选报和3+X选科完整解决方案/王琦著.—哈尔滨:哈尔滨工业大学出版社,2022.4

ISBN 978-7-5603-5140-7

Ⅰ.①我…　Ⅱ.①王…　Ⅲ.①高等学校-招生-介绍-中国 ②毕业生-高中-升学参考资料　Ⅳ.①G647.32

中国版本图书馆CIP数据核字(2022)第067690号

HITPYWGZS@163.COM

艳|文|工|作|室　13936171227

我的志愿我做主:高考志愿选报和3+X选科完整解决方案

WO DE ZHIYUAN WO ZUOZHU:GAOKAO ZHIYUAN XUANBAO HE 3+X XUANKE WANZHENG JIEJUE FANG'AN

策划编辑　李艳文　范业婷
责任编辑　王晓丹　孙　迪
出版发行　哈尔滨工业大学出版社
社　　址　哈尔滨市南岗区复华四道街10号　邮编150006
传　　真　0451-86414749
网　　址　http://hitpress.hit.edu.cn
印　　刷　哈尔滨市石桥印务有限公司
开　　本　850毫米×1 168毫米　1/32　印张6　字数113千字
版　　次　2022年4月第1版　2022年4月第1次印刷
书　　号　ISBN 978-7-5603-5140-7
定　　价　58.00元

面向生涯发展，大学只是人生的一个航段
澄清目标需求，你将不再迷茫或左右为难
给你专业的解读，拨开投档录取的围城迷雾
教你一种方法，让天下再没有难选的志愿

致谢

我要感谢：

李大勇校长和张沛红老师在我著书过程中给予的支持、启发和指导，这些帮助使我确定了将自己关于生涯发展、学业成长、就业创业思维方法与人生选择的思考，总结为“做主”系列呈现给大家，从《我的志愿我做主》开始。

我的兄长赵文祥局长，他在任哈尔滨市第三中学校校长期间，提出的“让每个人都能在现有基础上实现更好发展”的办学理念，道破了生涯教育的根本目标，本书解决高考志愿选择和3+X选科的方法理念与此不谋而合。

李会军副处长在我任大学招生就业处处长期间曾协助我工作，他以多年的实践经验和理解体会，与我一道完成了“七步法”与“结构流程法”的研创。

张沛红老师、刘淑慧和田梦园同学帮我校对此书，刘淑慧同学帮我把书中提到的相关流程做成了图片，使人们更易理解。

推荐序

读完这部《我的志愿我做主》，我确定，这是一本能让广大高中生、学生家长和教师都受益匪浅的好书，也是我一直期待的可以科学指导学生高考志愿选报和3+X选科的实操宝典，更是一部高中生涯教育的必读成长指南。

从事基础教育工作近40年，我越发觉得，每名学生都有自己的独特价值，对于高中生而言，虽然高考分数会有高低差异，但个人的价值没有大小之分。教育的目的，就是要让每个人都能发挥出自身价值，继而可以立足现有基础实现更好发展。

高中的生涯教育，就是要帮助学生找到人生方向，看清自己的目标去学习，每一天都在自发自觉地努力，最后又可以凭借高考成绩选到适合自己的大学和专业。这件事与备战高考同样重要，从实际来看，如果目标清晰了，面对高考更会有十足的动力，如果方向选对了，我们就可能创造出最大的人生价值。

基于这一点，我很早就开始对高中生的生涯规划尤为关注，特别是在新高考改革启动之后，两大问题贯穿着高中生涯教育的始终，一个是由来已久的高考志愿选报，另一个是后续出现的3+X选科，这是每个人都必须面对又亟待解决的问题，所谓规划，最终要落到这两个问题的有效解决上。

可实际当中，关于生涯规划这件事总有各种矛盾让我们不解。比如：人人都知道应该有自己的生涯，但大多数人又都觉得生涯无法把握；很多人都认为有必要规划人生，可又总会心存疑虑：未来的事怎么可能被规划？对于高考志愿选报和3+X选科，我们都希望能够基于自己的需要做选择，可自己到底需要什么又怎么能知道？每个学校、每名老师、每位家长都想给学生有效的指导，但全面系统的实操性解决方案始终都是难得一见的。

正因如此，我们一直希望能有一门课、一本书或是一种方式，可以切实帮助学生将这些困惑解开，让他们从高中开始就能为职业生涯理想而努力，同时拥有读懂大学和专业的能力，尤其在面对高考志愿选报这样的人生抉择时，不论分数高低，都能立足已有成绩做出最适合自己未来发展的选择。这本书，刚好致力于此！

王琦老师的这本《我的志愿我做主》，首先点明高考志愿应该自己做主，同时也能够自己做主。作者指出了高考志愿不会选的问题实际是生涯目标不清晰的问题，所以全书从教学生方法带学生找到人生目标开始，再让学生由此关联到自己的目标大学，这里的目标大学并非某一所具体的大学，而是一类大学及专业的标准，带着这个标准，就可以在高考成绩确定后，在成绩对应的可选院校范围内，通过比较找到相对最符合这个标准的大学。这样一来，不管打多少分，都能选到自己可选的“相对最好”，这个“相对最好”道出了好志愿的本质，正是立足现有基础做出相对最好的选择，这就找到了实现更好发展的那条路。高考志愿确实可以自己做主，也只能自己做主。

在按照标准找具体院校专业的过程中，还需要学会识别大学和专业。我们目前最常见的方式是将上千所大学和近八百个本科专业的相关介绍做分类汇总，然后列出相关简介和信息，让学生或家长去了解。这在一定程度上虽有必要，但并没有解决学生不会识大学品专业的根本问题。大量的信息摆在面前，还是不知道什么适合自己，也不会与自己建立关联。对此，王琦老师专门给出了读懂大学和专业的视角与路径，如同给了学生一副“透视眼镜”，有了它就能做到不管什么大学或专业，都能看得清楚真切，这正是高中生、家长和高中老师所需要的。

在通往心仪大学的途中还有一道关口是投档和录取，因为学生和家长对此流程十分陌生，与大学实际操作过程之间的信息不对称造成了很多认识上的误区，以致会影响对高考志愿的判断和选择。王琦老师多年从事大学招生录取工作，在任大学招生就业处处长期间，还曾任黑龙江省新高考改革专项研究组副组长，是领域内的权威专家，对大学招生有着通透的认知和深度的理解，在本书中有着对大学招生录取流程深入浅出的讲解，会让你茅塞顿开、豁然开朗。尤其是关于打破分数局限、不受高考分数裹挟的论述，相信会帮助很多人实现高考分数价值最大化。

本书的最后两章分别给出了高考志愿选报和3+X选科的完整解决方案，只要按照书中的步骤实际操作，就能自己得到最佳答案。“七步法”不受传统高考和新高考的限制，不管学生在哪个省份、采用哪种录取规则、志愿如何设置，万变不离其宗，高考志愿的选择归根结底都是在可选范围内找到“相对最好”。而用于 3+X 选科的“结构流程法”与“七步法”的逻辑如出一辙，给出了解决问题的实操流程，正如王琦老师所说，大道至简，找到了对的方法，就可以让选择更简单。

这本书的与众不同在于带给了读者更高维度的认知和实操有效的方法。讲述内容既不是对相关概念及流程做相对粗浅的表面化解读，也不是对生涯发展与高考志愿做理论性分析，而是能够让读者放眼生涯发展，看清高考与志愿选择，可以有效促进高中与大学间的学段衔接，点燃高中生的动力之源，让学生知道自己是谁、想成为谁、成为这样的人需要什么样的大学、要想达成这个目标在当下该怎样去努力。越早阅读受益越大，本书值得成为高中生人手一册时常翻阅的枕边“蓝宝书”。

如果是家长阅读了此书，能够从很大程度上缓解压力与焦虑，将升级对大学、专业、高考和招生录取的认知，提高助力孩子学业与成长的能力，也能有效增进与孩子之间的理解和信任，让亲子之间目标一致、越发和谐。如果对书中内容把握到位，相信还能为孩子厘清生涯规划、选到心仪志愿助以一臂之力。

对于高中教师，我更建议系统学习、掌握书中的方法。新高考背景下，教师自身也需要获得成长发展，对高考要有全面系统的宏观把握，对学生要具备一对多开展生涯教育和引导的能力。指导学生进行高考志愿选报与 3+X 选科是当前高中教师必备的专项技能，帮助学生发现自身价值、完成成长规划是教师重要的能力体现。本书来自王琦老师多年来跨行业、多领域的实践体验与思考总结，尤其是大中小一体化的视角有助于拓展教师的认知边界，这些实操性方法将会让更多学生受益。

2018 年，王琦老师受黑龙江省教育厅委托，带队到省内 9 个地市 140 余所高中做新高考方案专项研究，与各地市教育主管部门负责人和高中校长座谈交流并做宣讲培训。我当时参加了哈尔滨市各省级重点高中校长座谈会，王琦老师在会上关于高考志愿和新高考政策的讲解令我觉得深入浅出、耳目一新、豁然开朗。之后他又接受哈尔滨市教育局和教研院的邀请，为全市 2 600 余名班主任进行了新高考背景下的生涯教育培训，反响甚好。

这 3 年来，王琦老师辞去行政职务转任教师，专注个人与团队的成长规划与教育赋能，研创完成了生涯成长实战课，同时连续举办公益活动，帮助考生自己完成志愿选择。这本《我的志愿我做主》是他历经近 20 年高校及大学招生工作实践和 3 年打磨提炼呈现的作品，我相信它一定能够帮助到更多的学生和家庭，让学生将志愿把握在自己手中，实现“我的志愿我做主”。

我由衷地向诸位推荐这本书，愿每个人都能在现有基础上实现更好发展！

趙文祥

2022 年 4 月

赵文祥，男，1960 年 12 月出生。1983 年毕业于东北师范大学物理系，同年到哈尔滨市第三中学校工作：1983 年 7 月—1995 年 7 月任物理教师、班主任，1995 年 3 月—1998 年 7 月任教务处副主任，1998 年 7 月—2007 年 1 月任副校长。2007 年 1 月—2007 年 7 月任哈尔滨市第九中学校党委书记、校长；2007 年 7 月—2016 年 9 月任哈尔滨市第三中学校党委书记、校长；2016 年 4 月—2020 年 12 月任哈尔滨市教育局副局长。

1995 年 8 月荣获首届“现代园丁奖”，2003 年 9 月荣获哈尔滨市优秀教师，2004 年 9 月荣获全国优秀教师，2008 年成为北京奥运会火炬手，2009 年荣获哈尔滨市第七届有突出贡献中青年专家，2009 年 9 月荣获特级教师和为哈尔滨市教育事业做出突出贡献教育工作者，2009 年 12 月荣获首届全国教育改革创新杰出校长、哈尔滨市优秀教育工作者，2010 年 4 月荣获哈尔滨市第三十三届劳动模范，2011 年 3 月享受国务院政府特殊津贴，2011 年 4 月荣获黑龙江省五一劳动奖章，2012 年 9 月荣获哈尔滨市一级功勋教师，2015 年 9 月受邀参加纪念抗日战争胜利 70 周年阅兵观礼活动，同月，荣获哈尔滨市教育系统“身边好校长标兵”称号。

序言

人人都想驾驭自己的人生，改变自己的命运，但很多人都受困于两个问题：我该成为什么样的人？怎么样才能做到？

过去的20年，我见过太多的考生和家长不知高考志愿如何选择，十几年的全力以赴，到了这一刻才发现，始终没弄明白学习“为了什么”，更说不清“想要什么”和“该要什么”。

正是这些迷茫，让很多中学时代的高才生和胜利者，在经历高考的高光时刻之后逐渐黯然失色，有的平庸了、迷失了，有的降级了、退学了，有的甚至远离了……他们有的因选错了方向疲于应对，有的辜负了原本坚实的学业基础，最后以输在大学而告终，这些情况很多可以在高考志愿选择时的无助与草率中找到原因。

这样看来，高考志愿绝不仅是高考时的志愿，它既影响着高中阶段努力的方向与动力，又关联着大学时期的发展与跃迁，它是我们必做的一次关乎人生成长的选择。面对这场选择，最大的困惑是什么呢？还是两件事：目标和方法。

（一）目标之惑

这些年来，很多人只知道考大学是目标，却不知道目标大学是什么；只知道要上好大学，可连什么样的大学才叫好大学都不知道；只知道听别人评价大学的好坏，却忘了这个世界没有绝对的好与坏，是非对错好坏要看你想要什么结果。一直有人说，“上了大学就好了，考不上大学就完了”，但到底什么是“好”，什么是“完”？不知道！但凡此种，都等于没有目标。

未来虽然是“没有到来”，但不应该是“未知”的状态，每个人都应该有对未来的明确期待，这样才能在当下的每一天都为期待的未来而努力。

如果一个人面对“未知”的未来，就容易陷入巨大的恐惧和困惑当中，在学习阶段也不例外，无论成绩高低，压力都会大到令人喘不过气。因为想要的结果不明确，成绩好些的也不知道学到什么程度才够用，这样学行不行，学了之后到底会得到什么；成绩不理想的更不轻松，甚至容易对自己全盘否定，好像一旦输了高考就会输了人生。

到了选报志愿或新高考选科的环节，更需要明确的目标，因为让人纠结的一般不会是上不上名牌重点，而是几所名牌或若干个同一层次的院校摆在那里，到底该选哪一个。其实，哪怕高考成绩不理想，选不到名牌重点院校，只要清楚地知道自己要去哪儿，就一定会有一条相对最好的路在那里，走下去一样是走向未来。

高考是通往人生彼岸的路径之一，不论考生得多少分，都是有独特价值的人，只要目标明确，动力不息，就一定能找到一条通往快乐成功的路。而一旦有了具体的目标，高考就一定不会输，看清了人生在当下阶段最该做什么，学习的动力往往会因此而马力十足。

令人遗憾的是，很多人直到高考志愿选择时，仍然没能找到人生目标和目标大学，没有自己的目标，何来为自己做主？

（二）方法之难

高考前的十年寒窗，我们对“选择”的能力要求不高，因为大家有共同的出口——高考，所以哪怕具体目标不清晰，但都还算有方向，跟随着大队人马往下走就好了。但是，填报高考志愿是必须自己做出具体选择的时刻，而且真正让人为难的是，不管选了什么，都意味着要放弃其他机会。分数越高，可选机会就越多，可一旦选错了，付出的代价也越大。

面对高考志愿这么重要的选择，有的人怕自己不够专业，有的人担心自己对大学不够了解，有的人没有足够的耐心，很多人总想直接得到一个结果。有几种现象很常见：

一是总想找人问一下，但不管问了谁、问过多少问题，心里还是不踏实。二是今天看好的大学，明天觉得专业不满意，后天又想到了城市，再选择又纠结分数是吃亏还是占便宜。三是忙着搜集数据、寻找规律，听各方“高人”讲大学、说专业，越研究越觉得不懂的太多，越找规律越会发现特例太多，最后只剩三个字——慌、累、乱！

很多学生、家长甚至老师都会认为面向未来发展做选择很难，要想在高中阶段就找到人生的目标和方向更难，再聚焦到具体的大学和专业上是难上加难。事实不是这样的，我常说，如果一件事情让人觉得难，要么是努力错了方向，要么是还没掌握真正的方法。

对于高考志愿选报来说，想达成什么样的目标，就要选什么样的大学，所以既要会认清自己的目标，又要会辨认大学、匹配专业。而在通往心仪大学的路上，还要经过高考招生录取的环节，所以还要读懂规则、科学应对。这一路上还会有各种误区、陷阱，要想不受裹挟自己做主，就要学会避开这些“坑”。当然，在高考志愿选报和3+X选科具体操作时，还要有科学系统的流程步骤，摆脱左右为难的困境，跳出循环论证。都想我的志愿我做主，只有掌握了科学的方法，才能真正实现自己做主。

（三）解决之道

大道至简，让高考为我所用，把高考志愿掌握在自己手中，真的一点都不难！

十几年来，经过我指导的学生，都清晰地听到了自己内心的声音，找到了人生方向。关于自身目标的确定，我们可以通过描述内心理想的生活场景去看到，层层拨开表层需求，提取共性特点，之后便可以从行业入手建立起与目标大学间的关联。

至于如何辨识大学和专业，我发现历年考生遇到的都是共性问题，再结合在高校工作期间，看到的大学生中频发的、与志愿选择不当相关的种种问题，我得到了中学生辨别大学和专业时必须考察，且仅需考察的 12 个维度，同时给出了获得 12 个维度可靠信息的有效路径方法。无论是谁掌握了这些，都如同戴上了一副“透视眼镜”，从此拥有了能够读懂大学的科学视角。

在面对高考志愿选报和新高考选科时，我把对这 12 个维度的考察按顺序排成七步去完成，设计了对应的七张表格，每步填写一张，再分步给出需要填写的相关信息可以去哪儿查询，同时告诉学生比较这些信息的标准，层层筛选排序，到第七张表格填完，学生就会发现，这就是自己选出的“好志愿”。这就是高考志愿选择的“七步法”。在此基础上，借助思维导图，我们还得到了可以精准完成 3+X 选科的“结构流程法”。

让我特别高兴的是，有机会以“七步法”确定志愿的考生，从没有患得患失，他们清楚地知道自己的录取去向，还可以看到未来十年甚至更长的发展路径。他们与父母之间也没有任何分歧矛盾，想法会高度一致。家长常常感慨“我的孩子原来真有目标”，孩子也常满心感动，能体会到父母对他们的关心与支持。

每次看到这一幕，我在得到最大满足和安慰的同时，更感慨，要是能有更多的考生和家长了解这个“秘密”，掌握这个原理，学会这些方法，那该多好啊！

（四）我心之愿

人生没有终点，大学只是其中的一个起点，每个人都有自己的独特价值，需要在每个时期都能认清自己，面向未来，立足现有基础，实现更好发展。

高中阶段学生们的视野十分有限，如同身在一个“管道”当中，所有人都是从同一个入口到出口，对人的评价标准也是单一局限的，但大学和职场都是“平台”而非“管道”，用高中的思维方式去思考大学的定位发展，注定不会有好效果。2018 年我任黑龙江省新高考改革专项研究组副组长时，曾深入到省内 9 个地市 140 多所重点高中做宣讲调研，与各地教育主管单位负责人及高中校长、骨干教师做面对面的座谈交流，过程中感触颇深，太多学生需要打开自己的认知眼界，从更高维度读懂高考和大学。

2020 年受腾讯视频邀请，我面向全国考生和家长做了一场“七步法”直播课，也是在这次活动的启发下，我在抖音等平台开通了“大可有选择”账号，2020 年高考志愿填报期间，在直播间以“七步法”全天带考生选报志愿，近两万名考生参与，好多人留言反馈，实现了一家三口坐在家中，志愿完成。2021 年，我举办了线下“导师领选大会”，用“七步法”一对多带考生完成了志愿填报。至此，能够自己选出高考志愿的完整解决方案成功落地了。

为了帮助更多学生建立起大学、专业和未来职业发展的关系，让更多家庭都能在苦读12载之后收获到最满意的结果，让不论多少分的学生，都能选到适合自己未来发展的好志愿，我将过去近20年的实践思考和3年来的萃取总结凝练为这本《我的志愿我做主》，想让它成为一部能给高中生以全面系统指导的生涯教育成长指南。

想选到适合自己的志愿吗？

想真正做到高考分数"不浪费"吗？

想找到理想的大学和专业吗？

想面对3+X选科时就能衔接未来大学做决策吗？

想掌控自己的命运吗？

想"我的志愿我做主"吗？

这本书，可以帮助学生发现自己，找到发挥自己独特价值的那条路，成为自己想成为的人……

目录

第三章 识别大学和专业的“透视眼镜”

第四章

打开大学的录取围城

第五章

让志愿不被高考分数裹挟

第六章 七步选准大学和专业

第七章 3+X 选科也能自己做主

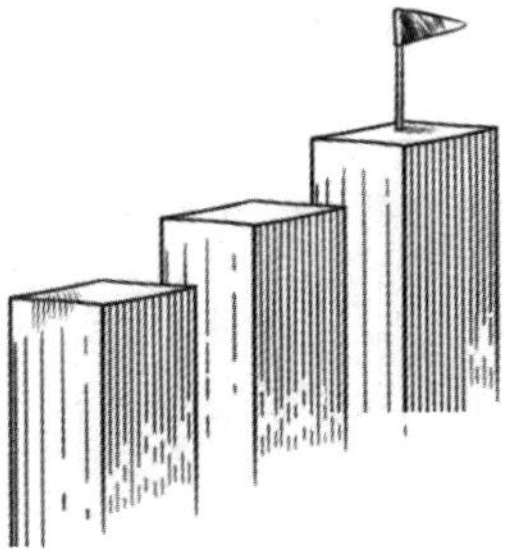

第一章
人生目标决定目标大学

上大学服务于我们的人生目标,未来的你想成为什么样的人,就需要上什么样的大学。人生目标是内心与生俱来的声音,它不会改变,只是在不同的人生阶段、不同的形势环境下或从不同的角度出发,你选择实现目标的路径会有所不同。选大学就是其中一次路径的选择。选择对不对,关键看你想要什么结果。

你可能不止一次地问自己，为什么要考大学？回答往往是："为了好工作、好前途、好生活……都要考呀，考上就好了。"可到底会好在哪儿，是不是你想要的好，你想要的好是什么，通过什么样的大学能够得到，这些问题一直没有明确的答案。

有人说，考名牌上重点，朝这个方向努力不会错；也有人说，考什么大学都要靠分数，先学好再说吧。这些说法看似目标清晰，实则不然，因为无法确定学到多好才算好，这会让你对未来没有掌控感。你会一直很累，成绩好时不知道是否够用，不好时又容易忧虑人生，心里始终不踏实，这是"心累"。

如果说高中阶段还有高考的大方向在，好多人可以选择先跟着努力，暂时不去管人生目标是否清晰，但面对高考志愿，必须要有自己的选择了，怎么办？此时你还会发现，包括名牌或重点大学在内，有资格选择的、层次相当的院校大多不止一所，哪个会更适合自己？而不管你选择了什么，都意味着要放弃其他可选机会，如果不知道自己今后的人生需要什么，如何预判对错？

大学并不是人生终点，它是一个起点。既然是起点，就要面向未来做选择，未来的你想成为什么样的人，就需要选择什么样的目标大学。有了这个目标，再掌握科学的方法，你才能为自己的人生和志愿做主，而这些，也应该由自己来做主。

接下来，我们从认清自己的目标开始……

你的目标是什么

我是谁？我想成为谁？10 年后的我是什么样？要过上想要的生活需要上什么样的大学？这些问题都是目标的问题。

没有目标，就会不知道如何选择；不知道自己想成为什么样的人，就不可能有努力的动力；不明确成为这样的人需要上什么样的大学，就无法做到将好志愿掌握在自己手中。

在高考志愿面前，学生受困于希望“我的志愿我做主”，但不知道自己想上什么样的大学；家长苦恼于想帮孩子实现自己的梦想，但发现孩子说不清自己的目标和方向。我的志愿我做主，首先要能结合自己今后的发展，还能不需要别人帮忙，自己说了算。

必须要找到你的目标

在 2018 年北京大学发起的心理健康调研中，30% 的北大新生出现厌学情况。在更早些的《首都高等教育质量问题调查》中，部属高校中有42.7%的教师认为“学生的学习积极性不高”，在市属高校中，该比例为60.3%；大学生中，有35.9%的学生“对所学专业不感兴趣”。这些同学都拥有足够光鲜的高中履历和亮眼的高考成绩，也都是自己选择的志愿，可到了大学怎么了？

回看他们的经历，有着惊人的相似之处。他们在高中为了高考而努力，选志愿时也考察了大学的价值，从这些价值看都有令自己满意的地方，但是，这些都是大学自身的价值，并非大学对他们的价值。在选择志愿时，他们并没有想好，自己未来想去哪里，为此该选什么样的大学，在这所大学自己要得到什么。迷失了方向、失去了动力的他们，最终可能赢在高中却输在了大学。

当然，他们也都曾误以为自己没什么社会阅历，不可能知道未来想要什么，但事实是：每个人都有自己的人生目标，这个内心的声音就是你想要什么。你只是不知道什么能满足你想要的，并不是连想要什么都不知道……

听不到内心的声音，看不清未来的目标，就可能会选错方向，即便还在前行也会心中缺少力量，怎么可能赢呢？

人生的目标，早晚都要找到，而且一定是越早越好……

目标是内心不变的声音

回想二十几年前，我自己面对高考志愿时，也会不知原因地对某些城市和学校无比向往，对专业的了解也只是望文生义的“算命”水平，但却会对一些专业有种莫名的坚持。这一切都和现在的多数考生一样，深信自己不可能有明确的目标，上了大学后最大的感受叫作“茫、盲、忙”。

直到有一天，在经历了大学和多次职场的跃迁与选择后，我终于明白，每个人都有自己内心的声音，每一次选择都源于我想成为什么样的人。无论当初迷茫阶段那些莫名的坚持，还是到后来越发清晰坚定的主动选择，都是内心的声音在影响着我。只是迷茫时的我注意不到它，也意识不到，每一次选择，我真正想要的，都是选择可能带来的结果，并不是选项本身。

在生涯发展领域有这样一句话：玫瑰从它诞生的那一刻开始，终生都在为成为一枝玫瑰而努力，直到有一天，本身是玫瑰的它发挥出了玫瑰的价值，它便可以身心合一了。

每个人内心当中都有一个想成为的自己，这就是你想要的结果，它始终影响着你的选择。在不同时期、不同领域、不同形势环境下，你的选择可能会变，但你想成为什么样的人，想要过上什么样的生活，这个想要的结果其实从未变过，这就是你的人生目标。

当你试着想象未来的某一理想场景时，你会在心中看到一个场景画面，你看到它时，就听到了自己“内心的声音”，你的所有人生选择，都可以对照能否实现画面中的场景做出判断。

破除找到目标的障碍性信念

目标在自己的心中，一定能够找得到。认为自己没目标的人，往往是因为存在障碍性信念，也叫作“不可能信念”，还没去找就先认定了不可能找得到，我们有必要把它先破除掉。

没有“喜欢什么”，只有“想要什么”

我最常看见这样的场景，面对大学和专业，学生都想找自己喜欢的，家长也想尽量尊重孩子的想法。可如果问他“喜欢什么”时，家长经常会说：“他也没啥经历，对这些都不懂，哪知道喜欢啥呀！您这方面专业，看看他喜欢啥、适合学点啥？”学生也经常会同时十分肯定地点点头，说自己确实不知道喜欢什么。想找喜欢的，这是造成“不可能信念”的一个原因。

确实，当我们面对那么多大学和专业时，绝大多数都不了解，怎么去说更喜欢什么呢？换句话说，如果知道了自己喜欢什么，直接就能做选择了，还用得着多方求证吗？可以看到，找到“喜欢什么”应该是选报志愿过程中综合考量后的结果，最后找到的心仪院校才是自己喜欢的，怎么可能挑大学选专业的工作还没开始，就直接有答案呢？这是任何人都无法脱口而出的，谁都会觉得“不可能”。

我们的问题应该换成“你想要什么？”，这才是我们的目标。

想要一所什么样的大学，这样的大学需要有哪些必备条件和特点，我可以在这里得到什么？你看，一句“想要什么”，就看清了我们选大学的标准，带着这个标准，就可以去找答案了。

不要“表面标准”，要听“真实声音”

有没有发现，每个考生包括家庭，对想要的大学和专业的标准，描述得都出奇的一致：能上“985”尽量上“985”，实在不行“211”也挺好，但至少专业好点儿，得有点儿特色，再就是找个就业好的，城市最好在什么样的区域内，要是这个分能上个更好一点的大学就最好了……这些都是表面标准，说的都是“大学的价值”，大学总是各有各的价值，都摆在你面前，只会让你左右为难。不知道选什么好的时候，你的“不可能信念”又被强化了。

你的目标是要找到对自己有价值的大学，你真正想要的不是这所大学有什么，而是它能带给你什么，能不能给你想要的；不是学校的名头层次是否够用，而是它能否让你获得想要的认可和资源；不是大学的办学有特色、专业是热门，而是你在这里能学到一技之长，今后有用武之地；也不是哪个学校的就业率高，而是你未来的就业会好。

所以，有人说想当医生，有人说想学计算机，有人说想当公务员或老师，有人说想去发达的城市……这些可能都不是内心真正想要的，而医生、教师、公务员、计算机、城市、大学这些背后，能够带给你的感受或可能得到的某个结果，才是你想要或不想要的

“真实声音”。

一旦你关注的是“表面标准”，就会今天觉得医生好，明天觉得老师好，后天又会觉得城市更重要，最后因为没有十全十美的选项，又变成了“不可能”有目标。但只要你的“真实声音”，锁定想通过上大学得到的结果，就会发现路径不止一条，而且可以通过比较，在可选范围内找到相对最好的。

知道了“不想要的”，也能找到“想要的”

还有一种造成“不可能信念”的情况，好多人会说不清“想要的”标准，但却能清晰表达自己“不想要的”感觉，这其实一样能够找到目标。想想看，假如你说不喜欢穿某件衣服，实际上是在说不喜欢这件衣服的风格，穿上之后不符合你对形象的预期，而这个预期刚好就是自己“想要的”。也就是“不想要的”是对照着内心某种“想要的”说出来的，这就是真正的目标。

我经常遇到很多学生说不知道自己想要什么，只要不当公务员不做老师就可以，我通常都会问为什么。到底是这个职业的具体什么特点让你不想选择？有的说不想像做公务员的家长那样生活，有的说当老师时间不自由，也没有创造发挥的空间，等等。如果你问他是确定不能从事这种职业，还是不想经历他所说的那些情况，他会意识到原来他不是不想从事这种职业，只是不想经历他见到的那些状况。这时我再问他是想要更有创造性的生活是吗？他可能会说是的，想有些挑战，最好能体现自己的思想，能够多经历一些……你看,他想要的是什么已经找到了吧?这时再对照这些标准,我们就可以结合自身情况,以这些标准为目标,去找相对最适合他的那条路了。

别管“能否实现”,只找“最美画面”

你有没有过这种情况:问你目标是什么的时候,你明明已经看到了那个最令你动心的场景,但却告诉自己,别异想天开了,你根本做不到,结果说出来的是一个自认为可能做到的目标。

这就是用预判“能否实现”限制了找到“最美画面”,明明目标应该是“我想要的”,却变成了自认为“能实现的”,但这又不是最想要的结果,所以这时表达“不可能有目标”的潜台词是有目标也没有用,根本实现不了,和没有目标一样。

这种判断往往会与实际有很大偏差:首先这是基于你现在的认知和现有的环境、条件做出的预判,但当你的认知拓展后,或是外部形势发生了变化,结果是会改变的;其次,目标存在的意义本身就是给我们一个为之努力的方向,这正是动力的来源,我们要为此不断创造实现它的条件,结果会怎样,做了才知道。

如果因为预判就放弃了争取,甚至就此放弃或改变了目标,那你一定永远都得不到最想要的结果。这就叫“吸引力法则”,你相信什么,就会出现什么。所以,找目标不是在找“能实现的”,而是要找“最美画面”,之后再“以终为始”,看立足现有的基础,走哪条路可以把它实现。

澄清人生目标和目标大学

从你的人生目标到目标大学，如何去有效澄清并与当下建立关联呢？这不是简单的“我喜欢”，更不是盲目的“我以为”。

一般来讲，听到内心的声音就知道了“我是谁”，看到心中理想的未来画面就是“我想成为谁”，我们寻找的正是二者之间的最优路径。在高中阶段，就是要立足高考分数和自身情况，找到最能助力你达成目标的大学和专业。

看到人生目标的快捷方式

你想成为谁，想要的生活状态是什么样子呢？可以试着去描述那幅未来的画面。关于澄清个人的目标，我在“规划助人技术”课程中会专门讲到，这里给大家两种比较好操作的快捷方式。

第一是“80 岁生日感言”。试着去想现在的你已经 80 岁，在你 80 岁生日那天，会有一个盛大的宴会，你一生的亲朋好友、家人子女都会到场。宴会上，你需要站在台上致辞发表感言，回顾这一生当中你最骄傲的事，你遇到过的最大的挫折，你是怎么走过来的，你最引以为自豪的事情，你一生最擅长做的事情，你实现了什么人生目标，你最大的体会和感触是什么。

所有这些，你想到的是怎样的表述？你希望那是一个什么样的宴会？那么多来到现场的人，他们会给你什么样的评价？这些加在一起，实际上就是你内心当中对自己一生的向往。

第二是“20 年后的一天”。可以试着想象 20 年后某一天的场景。现实情况是现在的你身处高中，你要选择大学和专业，但此时你可以想象未来最理想的生活，过程中要注意不要受“能否实现”的限制，只是去想你最想得到的那幅“最美画面”。

现在，试着看到这样的画面：这是在 20 年之后的某一天，早晨你睁开眼睛，看到一个什么样的房子，什么样的小区，你上班走的是什么样的一条路，那是一个什么样的城市，你乘坐的是什么样的车，你到的是一个什么样的办公室，那是一个什么环境，你的工作是什么。这番畅游之后，你有没有看到内心的真实需求，是不是听到了内心的声音呢？

这种方式叫作“生涯幻游”，它能有效地让你看到内心向往，再从幻游的场景中回到现实来，就可以立足自己的现有基础，去寻找达成理想的那条路了。这里的现有基础是自己的实际情况，包括自身特点、优势、具备的资源以及家庭能给的支持等。

全过程的逻辑可称为心在远方、路在脚下，就是先登高望远，再脚踏实地。

从行业入手关联目标大学

面对着那幅向往的画面，我们就可以逐步关联到目标大学和专业了。一般来讲，高中阶段对大学和专业是没有感觉的，不止你如此，大家都一样，所以最好的方式是从行业入手。

你会发现，当问你觉得“高分子材料工程”“电子信息工程”等专业怎么样时，你会说我不知道。但如果问你芯片行业、大数据、物联网、人工智能或是新能源、证券投资等行业怎么样时，你就来了感觉。很多人会表示感兴趣呀、想进入那个领域呀！尤其当说到行业内某些代表性企业时，比如国家电网、BAT、华为、苹果等，你甚至会立刻就想，要是能去那里工作当然好啦。

正因如此，我们从人生目标看到目标大学，就可以按图1.1所示的“行业-大学关联构建逻辑”生涯发展坐标来操作。

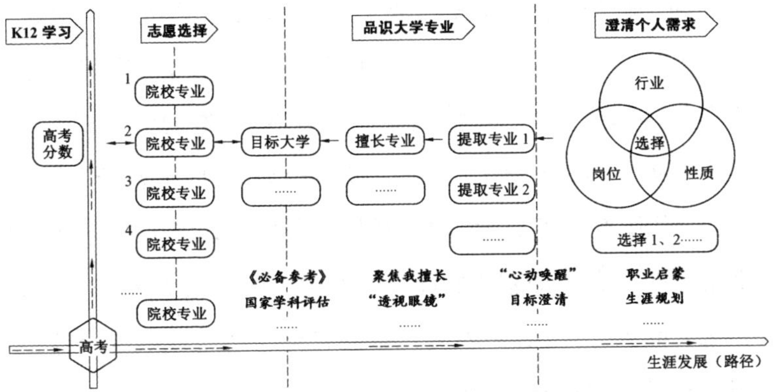

图1.1　“行业-大学关联构建逻辑”生涯发展坐标

当通过澄清个人需求看到了自己想要的理想场景时，你同时看到了当下的自己想成为什么样的人；对你而言，进入什么行业、从事什么职业相对最容易获得相应的岗位，成为那样的人；而进入的这个行业一定会有具体的专业需求，这些专业中哪些是你可能擅长的，学习这些专业你具备优势；而每个专业又都有擅长培养它的大学，能到这所大学学习这个专业就是你的目标。要想达成这个目标，你必须具备什么样的高考成绩，你高中的选科怎么选、学习要到什么程度，到这里就全都清晰了。

想想看，如果你的高中是带着这样的目标在学习，会有什么不同？到了高考选志愿时，如果成绩更理想些，你就可以选择更理想的大学，如果成绩偏低，也一定会有对应的大学和专业供你选择。但是无论怎么选，你都是在为未来而选，你的大学还会目标清晰、动力十足，条条大路通罗马，你也真正做到了“我的志愿我做主”！

如何了解与行业关联的专业呢？一般来说，各行业需要的专业有两大类：一类是与行业技术直接对应的，比如医疗行业和临床医学专业，金融行业和金融学、会计学等专业，电力行业和电气工程专业。另一类是与各行各业都可能相关的，比如法学、人力资源、工商管理、外语等，这里也包括与某个行业间接相关的专业，比如金融行业也会大量需要的计算机专业。如果想了解各行业大量需要哪方面的人才，最好的方式是去查询了解行业内的企业每年的用人需求，到招聘网站就可以看到。

那专业和大学之间的对应呢？我们可以通过学科去建立关联。专业都有其所在的大类，后面我们会讲到，了解专业最好从其所在大类角度去考察，这些与学科都是相互对应的，国家会对各大学开展学科评估，通过国家学科评估结果可以一定程度上了解到这个学校的学科实力与专业建设水平。通过这个路径，我们就可以找到擅长培养某个专业学生的对应大学了。

如何判断专业是否适合你呢？后面第三章我们会专门讲到，这里只做两点提示：一是这些选择是否适合你，要特别注意结合你能够获得的资源支持，不论是你的已有条件还是家庭能够给予你的，都要统筹考虑；二是对专业选择而言，你是否擅长最重要。

上述从行业、到专业、到学科，再到大学的对应，结合我专门设计的"'行业一专业一学科一大学'心动唤醒对照表"（本书以下简称"心动唤醒"）会看得更清楚。"心动唤醒"覆盖了12大类行业，从图1.2信息传输、软件和信息技术服务业的"心动唤醒"可以看到：一方面，从你想在某个行业内成为什么样的人，可以对应到自己的目标大学和专业，这可以启发你看到不同范畴内目标间的对应；另一方面，你关注的行业、向往的企业、感兴趣的专业、擅长培

信息传输、软件和信息技术服务业					
行业门类	行业大类	代表企业	专业模糊匹配	学科	学科评估A等院校
信息传输、软件和信息技术服务业	电信、广播电视和卫星传输服务、互联网和相关服务、软件和信息技术服务业	中国移动通信集团有限公司、华为技术有限公司、中国电信集团有限公司、中国联合网络通信集团有限公司、腾讯科技（深圳）有限公司、航天信息股份有限公司、联发科技股份有限公司、中国软件与技术服务股份有限公司、江苏长电科技股份有限公司、杭州海康威视数字技术股份有限公司、华大半导体有限公司、中兴通讯股份有限公司、阿里巴巴集团控股有限公司、紫光展锐（上海）科技有限公司、曙光信息产业股份有限公司、统信软件技术有限公司、深圳市汇顶科技股份有限公司、卫士通信息产业股份有限公司、通富微电子股份有限公司、方正科技集团股份有限公司	信息管理与信息系统、通信工程、微电子科学与工程、光电信息科学与工程、信息工程、电信工程及管理	信息与通信工程	北京邮电大学、电子科技大学、清华大学、上海交通大学、西安电子科技大学、国防科技大学、北京交通大学、北京航空航天大学、北京理工大学、哈尔滨工业大学、东南大学、陆军工程大学、解放军信息工程大学
			计算机科学与技术、软件工程、信息安全、网络工程、物联网工程、数字媒体技术、电子与计算机工程	计算机科学与技术	北京大学、清华大学、浙江大学、国防科技大学、北京航空航天大学、北京邮电大学、哈尔滨工业大学、上海交通大学、南京大学、华中科技大学、电子科技大学、北京交通大学、北京理工大学、东北大学、吉林大学、同济大学、中国科学技术大学、武汉大学、中南大学、西安交通大学、西北工业大学、西安电子科技大学、解放军信息工程大学
			电子科学与技术、电子信息工程、微电子科学与工程、光电信息科学与工程	电子科学与技术	电子科技大学、西安电子科技大学、北京大学、清华大学、东南大学、北京邮电大学、复旦大学、上海交通大学、南京大学、浙江大学、西安交通大学

图1.2　信息传输、软件和信息技术服务业的"心动唤醒"节选

养这个专业的大学之间，存在着多种对应关系，并不是只有学了某个专业才能进入某个行业，一切皆有可能！

把“管道思维”变成“平台思维”

要想澄清自己的目标，过程中有件极为重要的事情，那就是要把自己考虑问题的方式从“管道思维”变成“平台思维”。

从小学、初中到高中，求学上升的通道就像几条首尾相连的管道，通过每条管道时都是从一个口进入、从另一个口走出，所有人的路径全都一样，学习的内容、考核评价的标准也全都一样，大家会按照这个标准下的成绩排好顺序，走出一个管道再进入下一个。

12 年下来，你形成了一个思维定式，叫作“管道思维”。你因此会更习惯于关注哪个大学知名度高、就业率高，哪个专业是冷门热门或者这个学校有哪些好专业，就好像进了这样的大学和专业就进了前途有保障的“管道”了，所以你的关注重点就容易陷入对哪个“管道”会更好的比较上面。但你会发现，这样去找目标大学，很难得到一个标准答案。

因为大学的逻辑是“平台思维”，上了大学如同踏上了一个平台，不再是排队走进一条管道，所有人在平台上都有足够施展的空间，未来的去向也不像从前在管道中只有一个出口，评价标准自然也会发生变化。这个平台不是以固定几科的成绩论英雄，而是只看谁能最终达成自己的目标。从这个平台开始，你将面对去往任何一个方向发展的可能，只要你积累到一定程度，就能够实现人生的跃迁和平移。

而高考刚好是从“管道思维”到“平台思维”的拐点，志愿选择的最大考验就是你是否会用“平台思维”思考、决策。

对你而言，找到自己能发展得最快最好的平台，远比找到哪个管道是最好的更重要，“平台思维”最终比的是你在某个平台上的成长速度和最终高度，只要你的高度够，就可以俯视其他领域、其他人。这就是三百六十行，行行出状元。你要考虑的是在哪一行成为状元的可能性大，不是要找哪一行本身是状元。

总之，不要把精力投错了重点，关联大学和专业时，千万别忘了，考察的重点不是哪个管道最好，而是哪个平台能让你最好。

确定目标的几个致命误区

“管道思维”会让你走进选择上的致命误区，有几种常见现象，要特别注意：

第一，把职业选择当成了必须对应的大学类别。

最常见的是有学生想当老师，结果目光就锁定在师范类大学范围内了，他们完全没有意识到，要想当老师，至少要分清是大学老师、中小学老师，还是想成为一名发挥着“老师”作用的人。

各行各业中都有“老师”带“学生”，在医疗、法律、演艺界这些领域内，大家常常也都相互尊称为“老师”。只要是做师傅的，就都能找到做老师的感觉。

如果是想做一名大学老师，无论你学什么专业，在你读完硕士、博士，对某个领域方向有所研究、有一定建树的前提下，你都能在大学中对应的专业做一名大学老师。而且做老师的同时，还可以兼顾科研、创业、生产实践等等，可能与你之前经历过的基础教育阶段的老师完全不同。

即便你想做一名中小学老师，也不见得非要去师范类院校。我一个朋友的孩子，在一所综合性大学学了生物工程这个专业后，最后选择去高中做了一名老师。如果你真的想到中小学工作，也应该先关注你想去的那一类学校，近年都招聘什么专业的人，这些专业是否要求必须是师范类的。

第二，把对职业某种特点的好恶当成了专业选择的方向。

之前我一个朋友的孩子，一心要学传媒，觉得有成就感，我们交流之后发现，她只是想要做导演的人可以主导作品影响更多人的感觉，并不是一定要学传媒做导演。那么得到这种“当导演的感觉”其实是在哪个行业都有可能的，主政一方，自主创业，研发产品，你都可以像导演一样，包括做一名老师，课堂上的 45 分钟你就既是导演又是演员。

这时我们就共同去探索，到底走哪条路能让她最快找到“当导演的感觉”呢？结果她自己找到了。她家的企业规模很大，是她父亲一手创办的，所以她马上想到了，对她而言，以后接手家里的企业实现这个目标最快，自己当了老板直接就成了“导演”。她之前想学传媒，用她自己的话来讲，即使学传媒的不也要听制片方的想法吗？还是学一个有助于以后经营管理企业的专业最靠谱。那么她该学什么呢？最后，她在管理、财务及法律方向中选了法学专业。这或许就是对她而言的最好感觉，如果换成别人，还会有不同的选择，每个人应该都有最适合自己的那条路。

第三，把热门行业或自己的兴趣当成了要选的专业。

经常有人想学金融学，但其实他只是想进入金融这个行业；也总有学生认为未来是人工智能、大数据的时代，就去选择名称直接相关的专业；还会有人因为操作电脑或手机比较熟练，愿意上网、打游戏，就觉得自己该学计算机或是相关专业。我们的选择一定是在热门行业和感兴趣的领域内，去寻找相对最适合自己当成技能去学习掌握的专业。这一般会是具备某方面共同特质的一类或几类专业，极小可能是某一个或几个特定的专业。

如果看不到这一点，特别容易让自己的选择视野受局限，甚至选错了方向。曾经有一名考生来咨询，既想当医生又想学电子信息类的专业，但因为分数比较尴尬，选了大学又怕专业没有保证，可又只想坚持这两个专业，怎么办？必须先找到他的“真实声音”，看到他的目标到底是什么。当我问道：“如果电子信息这个专业不是芯片行业必需的，你还会坚持想学它吗？”他先是一愣，接下来沉思了一会儿，突然说“我明白了”，原来他想要的是这样的专业：学了它之后可以进入一个行业，这个行业本身要自带光环，这样他会觉得社会地位比较高，同时从事的工作要有一定的技术含量，这样他更有机会凭个人能力获得上升空间，就算上升受阻，至少还在自带光环的行业。到这里，他志愿选择的瓶颈被打破了，满足这个条件的专业远不止临床医学和电子信息两个，而且即便在医院从事行政管理，也能实现他的目标，学的专业哪怕是财务或法学等，也可以服务芯片行业，确实是条条大路通罗马！

最了解你需求的人永远只有你自己，因为内心向往的场景画面只有自己能够看到。

目标可以在比较中被找到

关于人生目标和目标大学，你是否已经有些认识了呢？我想，到这里你的内心声音已经被唤醒了，现在如果再问你未来想要成为什么样的人，你有没有在头脑中闪过一个画面，那是一幅你想要的未来场景，然后在你的左胸口偏后一点儿的位置，有一种声音呼之欲出？你看到的画面就是内心的声音，它可能不是很清楚，但你已经看到了它的存在。

如果此时你还是觉得澄清目标比较难，或者担心自己把握得不准，不要紧，其实我们想要的目标，不一定非要明确地讲出来，只要能够做出服务于目标的选择，就是最好的结果。对于高考志愿来说，你完全可以直接使用“七步法”，面向目标需要选准大学和专业。

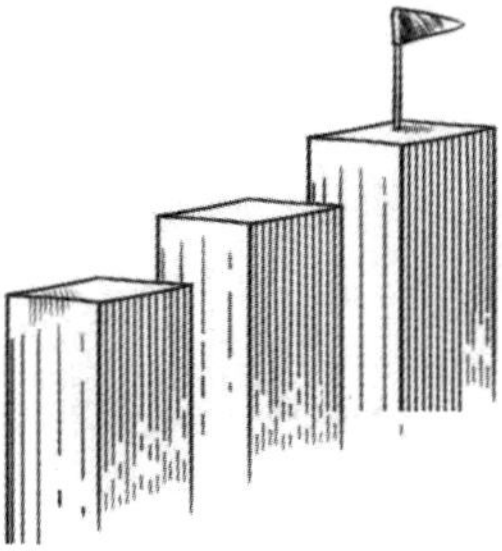

第二章
心仪的志愿在哪里

好志愿，是在与你高考分数匹配的院校范围，面向自己未来发展需要，经过比较找到的“相对最好”。这个可选范围不会太大，会与高考分数同时确定，你不需要提前做任何准备。不论是哪种高考，只要能够看到自己想要的目标，以此为标准，分七步对 12 个维度的情况做比较，就会选出心仪的志愿。

面对高考志愿，我们常见到这些场景：

总想找人问一下，但不管找到谁、问过多少问题，心里还是不踏实；

选大学时纠结专业，看专业时又想到了城市，既怕分数浪费又担心出现万一，循环论证心力疲惫；

想自己做主又怕选错了后悔，和家人商量又总有矛盾分歧，找人求证又发现谁也说服不了自己；

四处搜集数据找技巧规律，听各方高人讲大学说专业，越学心里越没底，最后还是慌、累、乱……

我常说，一件事如果让你觉得难，要么是努力错了方向，要么是还没找到真正的方法。高考志愿也一样，它让很多人觉得难，有的是因为要选什么的方向不清，有的是怎么选的方法不对。

如果你已经看到了自己需要什么样的大学，方向就不会有问题，只要再有科学的方法，你就会实现“我的志愿我做主”，不管多少分，都能与实现梦想的大学零距离。

什么才是“好志愿”

所有的“好”都是相对的好，高考志愿也不例外。《道德经》中说：“天下皆知美之为美，斯恶已。”没有“不美”就不会有“美”，没有比较就很难有“好”或“不好”的结论。好志愿，一定是经过比较之后得到的相对最好。

当高考分数确定后，总会有与其对应的若干所可选大学，在这个范围内，面向未来发展的需要，通过比较找到其中相对最适合自己的院校专业组合，就是好志愿。

这里有三个关键问题：一是比较的标准，要能对标自己人生目标的需要，适合的就是好；二是比较的范围，是与分数对应的院校“可选范围”；三是比较的维度，要确定从哪些方面比出“相对最好”。

认识你的“可选范围”

对于比较而言，范围的选定是尤为重要的，这个世界永远是没有最好、只有更好，说一所大学知名度高，也要先确定是在什么范围内，从世界到乡村，是哪种第一？从某种意义上讲，决定大学和专业好不好的，不在院校专业本身，而是要看“跟谁比”，比较的范围一变，结果就变了。也正因如此，对高考志愿来说，我们花心思去了解比较院校专业之前，首先要有明确的比较范围，这就是与自己分数对应的院校“可选范围”。要注意两方面：

一方面，“可选范围”不会太大，超范围准备是无用功。高考分数一定，“可选范围”会随之确定，既不需要对所有的大学和专业全面了解，也不需要提前预估“可选范围”早做打算。因为对高考选志愿这样的人生抉择来说，你不能仅凭了解院校专业的表面信息就做决定，所以大范围地表面了解没有意义，逐一进行深度把握谁都做不到，唯有范围定了再去深入考察才是有效的。有人说提前要有准备，否则到时候来不及，这也没错，但提前准备的不是模拟预估一个范围去了解，因为高考的实际结果与预估范围可能完全不一致，超范围的都是无用功。要提前有所准备的只有一件事，就是找到科学考察大学和专业的方法，只要掌握了方法，不管范围内的大学和专业是什么，我们都能从容应对。

我们好多考生尤其是家长会觉得高考志愿让他们压力山大，很大程度上就在于忽略了“可选范围”。他们被植入了信念，好像不提前对所有的大学和专业做到全面系统掌握，就不可能选到“好志愿”。但对所有大学和专业全掌握本就是不可能完成的任务，只要能在“可选范围”内找到“相对最好”就够了。

另一方面，“可选范围”只是起点，之后的工作才是重头戏。不论多少分都能选到好志愿，因为不管多少分都会有对应的“可选范围”，而不管范围怎样，都能通过比较在其中找“相对最好”。这样看来，“可选范围”确定后要用科学的方法做一番功课才行。

如何澄清自己的目标和需求？怎样对可选范围内的大学和专业进行比较？必须深度了解考察哪些内容，这些信息到哪儿去找，找到之后怎么评价，最后落在志愿表上的院校和专业按什么标准排序，这些问题才是报志愿的关键所在。既然“可选范围”不会太大，对其中的院校专业进行深度考察就成为可能，只是这个过程必须要自己亲自完成才行，切不可道听途说，草草定论。

我们很多人把划定出“可选范围”当成了报志愿的终点，对照往年的录取分数找到几所大学就算万事大吉，至于如何排序、怎样取舍、与自己未来的需求是否匹配，一概没有耐心考虑。最后拿到通知书时都不知道自己会得到什么，结果上了大学就后悔，甚至出现降级、退学等让人惋惜的结局。这样的做法和结局案例比比皆是，一定要抓住选志愿的工作重点，切勿舍本逐末，浅尝辄止，草草了事。

衡量你的“相对最好”

“相对最好”是在“可选范围”内经过比较得到的院校专业组合。比较的金标准是能否匹配自身的未来发展需要、实际条件和现有资源，就是我们常说的适合的才是好。有了第一章的基础，我们就有了对标的参照。而关于比较的维度，简单说就是比什么，说到底这是价值观的问题，你认为什么对你更重要，你的未来需要大学和专业在哪方面更好，那就比什么。

一分也不浪费，低分高就，一表大学，热门专业……在考察院校专业的过程中，这些因素都曾经以重点比较要素的身份出现过，对错是非多有争议，到底该比什么的问题困扰过好多人。

考生也常遇见这些问题：有些指标对考生报志愿而言没有意义，拿来比较不但是无用功，还会干扰视线影响判断，但考生鉴别不出来；有些情况考生必须进行深入考察，反而没有引起足够的重视，甚至从来没了解过，最后出现大学与想象的不一样、专业与想要学的不一致等问题。关于大学，有人只停留在“双一流”等头衔的比较上，但却没关注头衔下的真正内涵；关于专业，有人十分在意冷门热门，但却没有考量自己能否学得了、是否能毕业；关于高考分数的有效利用，有人专注于对往年数据的分析比照，但却不知历年录取分数的由来与意义，同时忘了报志愿是有温度的事情，每个人自身需求的满足度才是价值所在。

那么，我们到底该比什么呢？基于过去20年在高校和招生工作中的亲身实践与思考，我把高考志愿选报过程中有待考察的要素做了总结，如图2.1所示，最后把必须考察的要素归纳为12个维度，分别是关于大学：学校本身层次，所在城市，服务面向与办学定位，历史沿革与特色积淀，育人实力，毕业生就业状况，学生长远发展。关于专业：培养目标，课程设置，今后深造途径，相关评价认证，骨干教师研究方向。这就是我们比较“相对最好”的着眼点。相对这12个比较的维度，更多的考察点一般无须考虑，而一旦少了对其中哪方面的考察，日后在大学学习过程中就容易遇到问题。

综合比较

关于大学

- 以往的考分和位次
- 层次与服务面向
- 特色定位
- 院校排名
- 实力评价
- 就业去向
- 所在城市
- ……

关于专业

培养目标	掌握专业技能/提高综合素质 理论型/实践型
课程设置	公共课/学位课/专业核心课/专业选修课/……
专业开设时间	传统/新开办
就业形势	就业/读研/出国/创业
深造途径	同一专业不同高校 同一高校同一专业不同方向
大类招生	初衷/目标/形式/分流办法/培养特色
……	……

图 2.1　大学和专业常见综合比较要素

如果能够在这些方面进行综合衡量,得到的“相对最好”一定就是好志愿。至于具体怎么比,后续都会讲到。

找到让你为难的原因

很多人都曾感慨:“要是考分再多 20 分或少 20 分就好选了,我这个分数选志愿最难……”事实是,除去高考分数垫底、连选择院校资格都没有的考生,包括高考状元在内,所有人都会觉得志愿难选,而且正常来讲一定是分数越高、难度越大、风险也越大。因为每个人的选择看似数量不同,但其实可选的只有一个,不管你选了什么,都意味着要放弃其他所有的机会。这样看来,分数越高的考生需要放弃的越多,而每个人最终都只能得到一个,一旦选择的并非自己想要的，我们的高考分数就全都浪费了。

上错了船才是选志愿的最大风险

给大家讲个“船说”的故事。

你们都用 12 年的时间赚到了相应的报酬，A 有 630 块钱，B 有 455 块钱，C 有……。大家一起来到了码头，准备买票乘船到自己人生的下一站，大大小小的船只就在岸边，既有顶级的豪华邮轮，又有帆船快艇，还有好多小小的木舟。但不管你能上哪艘船，它都会用 4 年的时间带你到终点，那一天会同时到来。

大家在同一时间排队上船，每艘船其实都没有预设的票价，都是停在码头，等着要上船的人来选，谁的钱多谁就可以先选要上哪艘船，直到某一艘船按限额人满为止。每艘船最后一个上来的人，他兜里有多少钱，就是这艘船的所谓船票最低价了，至于最高票价是多少，就看第一个上船的兜里有多少钱。

就这样，A 的钱多，有资格先选的他兴致勃勃地选了一艘邮轮，很多人都羡慕他，因为这艘船太漂亮了，论性能、论服务、论硬件配置都是一流的。而且更让人羡慕的是，A 上船的时候仅剩 2 个位置了，最后一个上船的也是有 629 块钱的人，这让这艘船的船票最低价定格在了 629 元，在别人看来，A 以仅高出最低价 1 块钱的价格登上了万众瞩目的一流邮轮，这是 A 的一生中绝对的高光时刻。

到 B 选船的时候，豪华邮轮肯定没有了，一般的快艇也不多了，他拿着兜里的455块钱，经过对可选船只的分析，在航行终点与自己的目的地一致的船中，结合自己的实际情况和想要得到的资源，权衡后上了一艘小木船，而这艘船的最后一名上船者，兜里只有410块钱。

但是，在走过鲜花与掌声之后上了船的A，在开船之后的某一天突然发现，这艘船的航线终点根本不是自己想去的地方，码头选船的时候他也是经过深思熟虑的，在当时可选的船中这确实是知名度最高、性能最好，也相对最豪华的船，但偏偏忽略了船的到岸终点。更让他难受的是，船虽然很豪华，但他所在的船舱吃的用的几乎都是自己难以消化的，每天的训练内容也是自己不擅长的，他可能随时被淘汰中途被迫下船，即便能够坚持4年，但终点又离自己的目的地十分遥远。而B的木船虽然简陋，但4年以后会与A在同一时间下船，谁又是终点的赢家呢？而在B乘船的4年中，还有好多次换乘的机会，因为这条航线上同样有各种邮轮经过，机会比比皆是，前方充满了阳光和希望。

正所谓人生处处是起点，如果你把码头选船当成了终点，那么A就是最好的选择，可如果你以此为起点，面向未来的需要做选择，B才是人生的赢家。

我们看，A在上船时，是仅浪费了1块钱呢，还是630块钱全浪费了呢？和码头选船一样，高考志愿和大学录取就是这样的规则与逻辑，如果此时的你就是A，那么你是否看到了高考志愿选择的最大风险呢？

选好志愿的最大难点

这些年指导考生,最常见的问题是:“我得这些分,你看该报哪儿?”或者是:“报某某大学行不行,学某某专业好不好,这两个哪个好呢?”每次听到这样的问题我都知道,他们想要的都不是所问的,不管你给出什么答案,都还会有后续的问题出现,就算不再问了,心里也在盘算:“真的吗?能行吗?是这样吗?万一呢?”图2.2真实地反映了这些常见的问题。

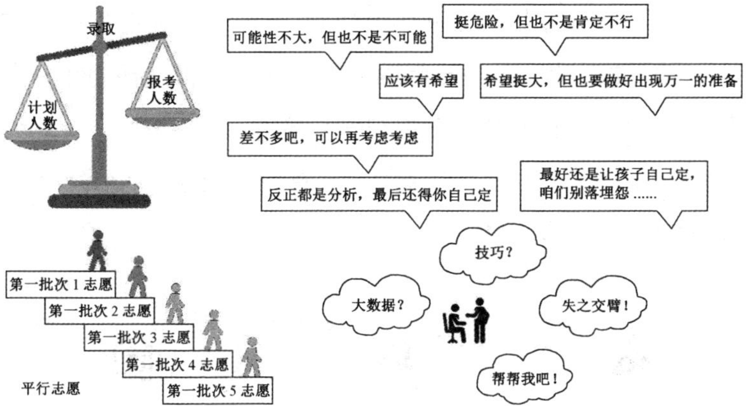

图 2.2　选志愿的常见问题

但有些考生会问这样的问题:我该怎么去了解这所大学?怎么能知道这个专业有多少老师?如何知道他们的研究方向?学校与哪个行业打交道多?专业的方向是什么?怎么知道要学哪些课程?跟谁确认继续深造途径?来招聘的用人单位都会是什

么？……这时我知道，这些考生快有正确答案了，而且这些问题一旦被确认，他们就不会再纠结。因为这些都是具体而明确的问题，考生一定是看到了自己在某方面的目标，想确认能否达到预期。同时他们又不是要听我对某个院校专业的分析评价，而是在找确认这些信息的有效路径，说明他们在思考的是自己怎么能核实到最确切的答案，这是回归理性的表现，因为听谁的介绍和观点，都不如具体大学的官方信息更加权威、直接、可信。

两种问题反映着两种认知状态，能提出具体问题才有机会解决问题，要是连问题是什么都还没找到，怎么去解决呢？其实，这正是高考志愿面前很多人最大的问题，就是即将做选择的你，提不出真正的问题，连该问什么和想问什么都还不知道！

事实上，如果说选报高考志愿难，问题只在三个方面(图2.3)：

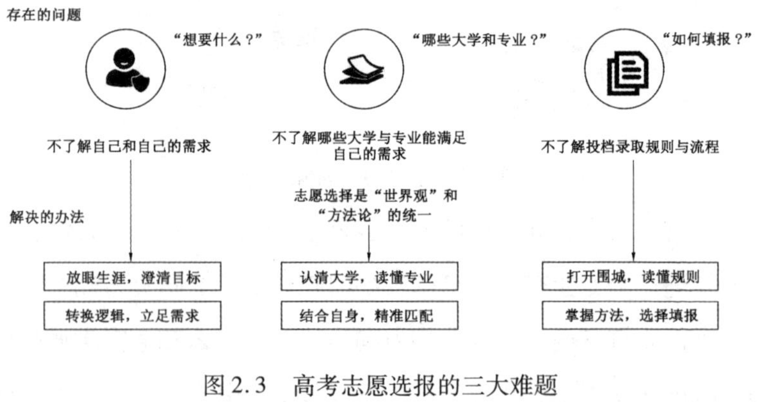

图2.3　高考志愿选报的三大难题

第一，自己到底想要什么？这就是不了解自己是谁，想成为谁，不知道自己需要什么。

第二，怎么品识大学和专业？那么多的大学和专业自己都不了解，各种行业职业也没体验过，不知道怎么去了解确认。

第三，如何应对规则选报志愿？面对高考招生录取的围城，不懂其中的规律规则，不知道如何规划达成路径。

这三点是“病根”，会表现出各种不同的“症状”，而每个问题的解决又都与另外两方面有关，所以选志愿时我们常常陷入“循环论证”的怪圈：正想探索自己想要什么时，发现对大学专业和招录政策还不够了解；了解大学和专业的过程中又觉得自己没目标，了解了也决策不了，而且还不知道了解的大学和专业自己能否考得上；而想确定志愿、规划具体路径时又会感慨自己什么都不了解。“循环论证”不破除，怎么选都纠结。

自己就能选准好志愿的“七步法”

在我看来，解决高考志愿选报的难犹如治病，其本质是“说服”。可偏偏人是不可能被别人说服的，就算接受了某种观点建议，也是因为自己说服了自己。为什么这么说？因为高考的分数一旦确定，你能做的就是在可选范围内找到相对最好，这个好的标准在于你自己，换句话说，只要你能够接受，就是好结果。之所以会有这么多的难，无非还是要么不确定什么是好，要么不知道怎么能好。既然存在共性的问题，就一定存在解决问题的共性方法，我们的“七步法”就是能够让你自己说服自己的最佳疗法。

选志愿的两种方式

过去近 20 年的时间里，我指导帮助过很多考生和家庭，每次指导都是缘起于高考志愿，但交流的内容都不仅是志愿，因为需要面向未来的发展交上一份答卷。

我逐渐发现，“就高考志愿说志愿填报”和“放眼未来选择志愿”会完全不同，前者问题颇多但却是主流，称为“主流方式”，后者实效显著但却少有人能够做到，这是“实效方式”。

从图 2.4 高考志愿填报主流方式与实效方式的比较中可以看到，两种选报志愿的方式实际上是两种解决问题的逻辑。

主流方式的操作是这样的：首先找分数匹配，就是从高考的分数出发，参照往年的录取数据，以各院校专业的录取分数为参考基准，在录取分上下的范围内，锁定可选范围，这里是在分析院校；第二步是找院校擅长，在范围内逐一找对应院校的好专业，这里是在分析评价专业。之后往往会遇到院校、城市和专业各有各的好的问题，再加上对分数是吃亏还是占便宜了的权衡，多方咨询听取意见，最后排出个顺序。但经常出现“船说”中 A 同学的风险，在上大学之后你会发现院校擅长的未必是你喜欢的，你喜欢的不一定是自己擅长的，而就算有了一技之长，很多人到了职场发展时又很

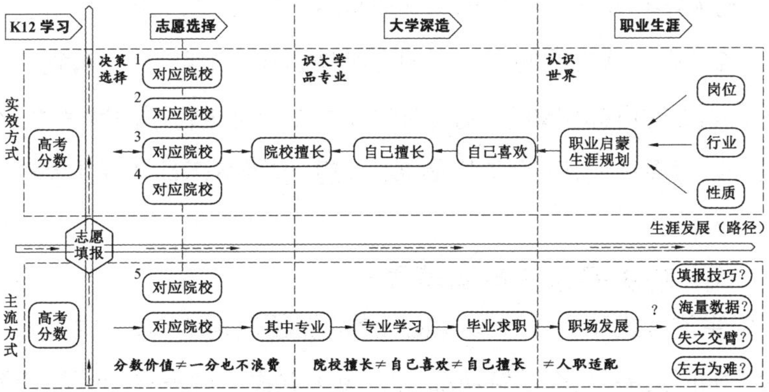

图 2.4　高考志愿填报主流方式与实效方式

难做到人岗匹配、人职适配。

实效方式的操作逻辑相反：首先澄清自己的目标，像第一章中讲到的那样，从感兴趣的行业入手建立起与目标大学之间的关联；之后在喜欢的领域里聚焦可能会擅长的专业；找到哪些院校擅长培养这个专业的学生；最后在这些院校当中匹配与自己分数相当的学校。而此时，因为平行志愿会给你多个选择机会，你按照自己的意愿强烈程度排好顺序就可以，加上院校的录取分数完全取决于当年考生的报考情况，你被录取到哪所大学的可能都存在，只要保证最后有稳妥院校就行。与主流方式最大的不同，是你选择的所有院校和专业，都在未来职业发展的需求范围内，你的眼界也被打开了，不再受高考分数和往年录取情况的裹挟。

两种方式选择志愿的学生，上了大学之后的状态差别极大：主流方式选志愿的学生容易摆脱不了迷茫，找不到学习的动力和原因,与大学和专业亲密接触后落差极大,患得患失,最后影响了学业;实效方式选志愿的学生因为志愿是面向未来自己选的,到了大学有明确的目标和动力,尤其对学校和专业都进行了深度考察,所以一切尽在掌握,哪怕高考成绩不理想,但最终还是会赢在大学。

解决问题的最高境界

主流方式和实效方式选报志愿的流程逻辑不同,造成了实际效果的巨大差异,而从解决痛点的操作方式和对志愿问题的理解把握上看,还可以分为三层不同的境界,借用中医治病的理论,可以叫作同病同治、同病异治、异病同治。

第一,最低标准。中医理论中治病的最低标准叫作"同病同治",只要症状相同,就用同样的药方。这样做有治好的可能,但因为它容易忽视患者的个体差异和实际病因,头痛医头脚痛医脚,未必治得了本,甚至容易贻误病情。这特别像只依靠"大数据"推荐志愿,只要得这么多分,就会筛选出对应的院校,再给一些学校和专业相关的表面信息,根据经验排出顺序就算选完志愿了。这样"背药方"的大有人在,多少分能上什么样的大学,这个分的学校有哪些,这是多少分的学校,再弄点"偏方""特效药",这就叫"低分高就"或"让低分的你上更好的大学"。

第二,更高追求。行医的更高追求叫作"同病异治",尽管症状一样,但施治却要因人而异。同样是发烧,有些是细菌感染,有些是病毒侵犯,还有可能是血液脏器等各种原因。同时,个人的体质条件都不一样，选用的品类和药量也需恰到好处。高考志愿一定是要“同病异治”的，哪怕分数相同，但每个人目标不同，自身条件不同，那个“相对最好”的选择一定不同，最需要量体裁衣、对症下药。这里又要防止“名不副实”和“表里不一”，前者是用着一对一规划的形式，实际操作却是“同病同治”的手法，后者是误以为表达出来的个人意愿就是内心的声音，没有真正澄清需求，最终选错了方向。

第三，最高境界。治病救人的最高境界叫作“异病同治”，就是医生也不是什么症状都见过的，但大道至简，万变归宗，只需要把握阴阳平衡，就可以“药到病除”，而且可以治“未病”。对应高考志愿，我们就是以得到“好志愿”为目标，只需要在与你高考分数匹配的院校范围内，将院校和专业的组合按个人意愿排出先后，经过比较找到“相对最好”，自然药到病除了。只要你会“比较”，不管你打多少分，总有对应的“可选范围”；不论范围内是哪些大学和专业，面向未来职业发展的需要就比较对应方面的情况；无论高考还是新高考，都是在其中找到“相对最好”；不管你是谁，自己都能做到，而且每个人都有自己的答案。

用这七步找到心仪志愿

2015 年之前的十几年，我更多的是在用一对一的方式帮助考生，我发现历届考生，在高考志愿选择这个环节，所有的问题都没有离开那“三个难点”，只要让他们看到自己想要什么，掌握识大学品专业的方法，再对招生录取规则有所了解，最后都能自己找到心仪的志愿。

在大学任招生就业处处长之后，我对高考的招生录取、大学的人才培养、个人的择业与发展有了全面系统的理解认知和亲身感触，我注意到，其实不管在哪个省份，采用的是何种投档规则，对考生选报高考志愿来说，最终都可以通过“比较”得到“相对最好”，就连圈选出“可选范围”的方法都是共性的。指导考生自己完成志愿选择，完全可以“异病同治”，而且可以用一对多的方式做到。

关于比较，共性的问题是什么？有三方面：第一就是比较维度的选取，我到底该考察大学和专业的哪些方面；第二是相关信息和数据的获取，到哪里可以找得到；第三是这些情况汇总后，如何进行判断分析。第一方面关于比较的12个维度我们已经找到，这些信息都是会在“阳光高考”平台、各省考试院网站和大学官网广而告之的，具体判断分析的视角来自对大学的认知，不管对哪所大学、哪个专业做比较，都可以用同样的方式去操作。

澄清了个人目标如同找到了病因，一切操作也就有了方向，知道了想要什么样的大学，我们在与高考分数对应的“可选范围”内，按照标准找就可以。怎么找？通过比较12个维度，最后得到的“相对最好”就是答案。12个维度如何比呢？可以分七步做考察，从第一步圈选出范围到最后确认志愿，这个筛选、比较、排序、确认的流程，就是志愿选报的“七步法”。

按照图2.5“七步选准好志愿”操作流程所示，这七步是：1. 圈定可选范围;2. 初筛院校比较;3. 院校深度评价;4. 专业考量匹配;5. 志愿排兵布阵;6. 梦想评估对标;7. 得到志愿表单。

为了方便操作,我设计了对应的表单,考生只需按照流程说明填写表单即可,从第一张表格填到第七张,最后一张便是你自己选出的高考志愿。本书的第七章我会带着你来填这七张表单。

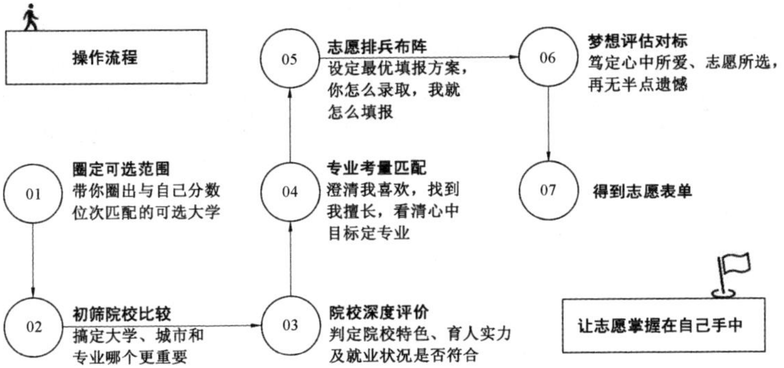

图 2.5 “七步选准好志愿”操作流程

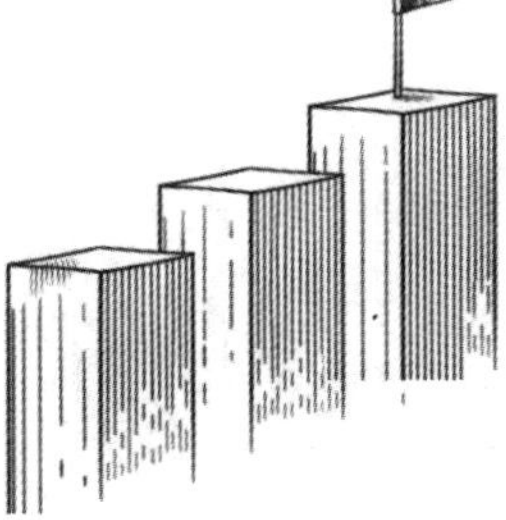

第三章

识别大学和专业的“透视眼镜”

选大学是在选文化、选资源、选行业，基于这个目标要考量它的特色定位、育人实力、就业状况和长期发展；选专业关键在于确认是否与你匹配，能否擅长比喜不喜欢更重要，脱离所在院校的情况单纯考察专业往往是无效的。你之所以不了解大学和专业，是因为少了一副能把它们看清楚的“透视眼镜”。

哪些大学和专业是你想要的？前提是要对它们有足够的了解。

国内有上千所大学、近800种本科专业，再加上之间可能出现的多种组合，你要怎么去了解？

去几所校园、搜集一些公开信息、对大学和专业做些分类汇总、查阅一些学校概况和专业简介、道听途说知道点奇闻逸事，这些够吗？显然不够，和自己要凭此做出人生选择的要求相比，差得还很多。

假设有一本书或一个平台，可以包罗分类所有你要了解的信息，行吗？也不行，因为海量的汇总只会让你目不暇接，还可能有好多名词指标你压根儿不懂，更别说去精准匹配了。

那么找一个人帮你怎么样？专业的事交给专业的人，请专业人士替你确定适合你的院校，怎么也比自己更了解。但还是不行，关于大学和专业，专业人士可能比你多那么点儿认知，但那也仅是极其有限的认知，而对你的了解，任何人都和你自己没法儿比。

其实，你缺少的根本不是这些信息，而是查询并读懂这些信息的方法。选择高考志愿时，是在“可选范围”内的比较，有了这些方法，你就可以轻松比较出相对最想要的；就算在日常学习中，每当想到要了解哪个大学和专业时，你也可以用它们把对应的院校专业看得通透明白。

识大学、品专业，你只需要戴上这副能读懂它们的“透视眼镜”，就能做到与自己的目标精准匹配。

识别大学的角度

什么才是好大学？有人说国家“双一流”建设大学肯定算，还有之前最常说的“985”和“211”；也有人说地方重点大学也不错，总之“一表院校”都可以；还有自身有特色的，专门服务于某个行业领域的；再就是就业好的，专业好的，考研率高的，能直接当公务员的，好出国的，甚至往年录取分数高的……

你会发现，“仁者见仁、智者见智”，还是之前说过的，只要换个范围、标准或比较的维度，结论就不一样。再遇上像大学、城市、专业哪个更重要这样的问题，你就更难得到答案了。

如果你对大学有足够的理解和认知，识别它会变得很简单。

选大学是在选文化

选大学是在选文化，就是在选择你要成为什么样的人。

为什么呢？这关系到“文化”的概念。余秋雨先生曾这样定义文化：“文化是一种成为习惯的精神价值和生活方式。它的最终成果，是集体人格。”这是我见过最精辟的定义。怎么理解？

对照你的家、班级、部门或团队，包括大到一个领域、区域、民族和国家，这些或大或小的系统内，都有自己的价值标准，系统内的人会褒扬什么行为，会排斥什么做法，都有约定俗成的习惯，大家也有共同习惯了的行为方式，最终对外呈现的就是这个系统内人们共有的集体人格。

这就是文化，它最终塑造人格。英国与绅士人格，日本与武士人格，中国与君子人格，都是文化塑造了人。反之，我们说东北人、北京人、上海人或深圳人，说的也是集体人格，是这个区域的人共同习惯了的价值标准和行为方式，是地区文化。在什么系统中，就会被什么文化无形地塑造，就会形成什么样的行为习惯。

选择大学和它所在的城市，实际上就是在选择一种系统文化，它会让我们习惯对应的价值标准和行为方式，这是对自己想被塑造成哪种人的选择。表面上看我们是在选择名校和某个城市，实际上是想选择某种生活、成为某种人，所以，纠结大学和城市的选择时，就去认清它的文化，看清自己想成为哪种人。

选大学是在选资源

对名校的向往，说到底是对名校资源的向往，我们一直说想上更好的大学，无非是想获得更多的资源。对于资源的价值来说，数量上的多少是一回事，与你自身需求是否一致是另一回事，对你有用的才是资源，否则，就算再多也与你无关。这要求你选大学时一定要将看到的资源具体化，比如，看一下这所大学拥有的头衔标签，它们的资源内涵是不是你需要的。

你常在大学和城市二者间纠结，是因为你没去算会获取多少资源的账。把大学和城市放在一起算笔账，你就会得到答案。算账必须明确两个前提：谁跟谁比和对谁而言。

谁跟谁比，是指具体的两所大学间比较才有意义。你千万不要先不管哪所大学，只单拿两个城市去比较，之后再在选出的城市中选大学，这会让你的眼界越来越窄，最后大概率会错失心仪院校。你要把比较的对象搞清楚，先把两所具体的大学摆在那里，然后把学校和城市的资源加在一起，看哪个选择对你最有利。比较就是以自己的需求作为标准，这就是看清楚资源多是对谁而言，比如有人觉得一线城市经济发达、就业机会多，但确认这些机会是不是对你而言的机会最重要。

通常来看：处在较高层次的大学一般会自带流量，即便所处城市资源有限，但大学本身资源足够给你支撑，所以这个层面上大学更重要，它对你的塑造力要比城市更强。而对层次没那么高的院校来说，城市是对院校自身资源不足的一种“代偿”，所以院校层次越往下走，我们对城市能带来资源的关注度要越高。

选大学是在选行业

每一所大学都有其历史使命，它的发展也会因使命定位不同而建设方向不同，继而形成不同的特色，积淀不同的文化。其中，与某些行业领域间的渊源和关联是最重要的积累和表现，就算是一所综合性大学，也会有所侧重，聚焦服务某一行业的大学就更不用说了。这种关联就如同大学和行业间的通道，大学与哪个行业间的联系更多、通道更畅通，我们进入这个行业就会越容易，无论你在这所学校学什么专业。

我所在的哈尔滨理工大学，服务于机电行业和装备制造业，它的每一个专业都会体现行业的需求特色，连“日语”这样的专业都是“科技日语”方向。那如果一所学校服务于国家航运事业呢？有些学校服务于区域经济发展呢？有些隶属于工信部或农业部呢？都会不一样。

每个行业本身也有其固有的文化，它与大学之间的关系越密切，相互之间的影响也会越多，接触行业的不同会让学生在大学期间感受到的文化氛围不同、获得的资源不同，连常年来学校招聘的用人单位都会不一样，日常和院校开展交流合作的企业、组织及群体也不一样。

在澄清目标时我们讲过，大学毕业后最终的归宿是要进入某个行业的。所以，当判断大学、城市和专业关系的时候，一定要更多地去结合行业的情况。这所大学侧重服务于哪个行业？所关注的行业在大学所处的城市是否发达？这个行业最需要什么专业？任何行业都需要任何一个专业，你要关注自己更擅长学什么专业，而不是紧盯着与某个行业直接相关的专业不放。

关于特色定位

判断一所大学，要先看特色定位。定位是发展的方向，优势是办学的积累，所谓大学的特色，都不是一蹴而就的，通过“服务面向”和“沿革积淀”两方面的查阅，就能获得最准确的判断。

一是学校在各个官宣平台上发布的概况简介。学校都会对自己的隶属（国家某部委或某地方政府）、发展定位和服务面向等内容做出概括，一般会在文字介绍的第一段就出现。这里注意大学在描述时，有些是说自己的目标方向，是朝着什么方向在努力，有些说的是现有程度，是已经具备了什么样的资格或条件。

二是在学校官网上查到的历史沿革和特色总结。你会发现稍有历史的大学，几乎都经历过分分合合或校名变更，重点注意两点：一是越是早期的学校名称越能看出它的专业特色，办学的历史积淀也大都是从这里开始的，特色和优势都是这样延续下来的；二是沿革过程中的组成变化，无论是并入还是分出，对应的部分都可能是某方面资源的注入或迁出。

以哈尔滨理工大学为例，查阅它的前身及隶属，是原哈尔滨科学技术大学、哈尔滨电工学院和哈尔滨工业高等专科学校，之前都是隶属于原机械工业部，现在是国家国防科工局和黑龙江省人民政府共建高校，这些可以清楚地看到为何哈尔滨理工大学的特色是服务于机电行业和装备制造业。

关于育人实力

院校的育人实力可以从师资和平台两方面去了解，在学校官网或宣传资料的院校简介中，都会有专门的介绍。但我们了解时一定要注意两件事：一是对于人才头衔的内涵要做了解区分，各大学公布代表性师资的标准不同，各级各类人才项目也都权重不一，对具体含金量要有考量，重点看与自身需求的结合点。一般在学校简介中通常会介绍到的最高层次是院士，普通的是教授、副教授人数，其他的高层次人才、领军人才、高端人才等会各有不同的分类表述。二是最终对师资的了解一定要落在专业上，也就是对师资的考察要在专业当中做重点考量，学校拥有什么样的高层次人才是大学的总体情况，你要学的专业有什么样的师资实力对你才最重要。

关于就业状况

对大学就业状况的了解不能只看就业率，哪怕一所大学是99%的就业率，但你会不会是那1%呢？就算就业率100%，可又都是什么就业去向呢？你还是对未来的可能去向没有感觉，不确定这所大学会带给你什么样的机会。

有两个渠道会让你眼前一亮，了解到最想知道的情况：

一是查阅大学的“就业质量年报”。按照教育部要求，大学每年都要发布自己的年度就业质量报告，而且会在网上公示。在报告中，会对过去一年学校的就业情况做详细的分析说明，包括有多少毕业生，男女各占比多少，有多少人签约、出国、升学或创业，升学的研究生都去了哪儿，就业的有多少考了公务员、多少到了央企国企、多少去了上市公司，到大湾区的、长三角的、京津冀的、服务基层的、留在所在省的又分别有多少，平均薪资怎么样……所有你想知道的，在这里都有详细的数据分析。把这个报告找到，会不会对大学的就业状况有判断？

二是大学的就业网站会有个专栏叫“招聘日历”（各学校名称会有不同）。这是院校公布来校招聘用人单位招聘简章的地方，如果到这里浏览一下，我们就可以知道过去的一年或几年里，都有哪些单位，是什么层次、什么领域的公司愿意来这所大学招聘，主要招什么专业的人才，会给什么待遇，除了要求专业知识外，还会对学生提出哪些条件……这些看完，连大学期间专业学习之外还要准备什么都能了解到，这就是最真实直观的社会需求。

关于长期发展

对大学培养学生的长期发展做考量，最有效的观测角度是看校友的情况。一所大学的校友会覆盖了多少个区域，在哪个区域范围内校友会数量多、活动多，校友在哪个领域、哪个行业比较有影响，都有什么知名校友或有代表性的校友……把这些情况了解到，一方面能够看到以往的毕业生多年后的成长路径和发展高度，一般其中的共性特点会给我们启发参考，比如这些校友多数在什么领域取得的成绩，从政的多还是做实业的多，工程技术人才多还是社会科学领域的人才多；另一方面还能够大致判定自己毕业时进入哪个行业、去哪个区域发展会机会更多，因为从渊源上讲，那里的校友多，与大学之间的关联交往就会更多，大学与其之间交流的通道就会多，你的机会也会更多。这些情况在各大学官网或者校友总会、教育发展基金会的平台上能够查到，如果没有这些平台，这也从另一个角度说明些问题了。

匹配适合的专业

专业的事情很复杂，它与大学、学科、职业、行业、行业内的企业等息息相关，任何一个行业都可能需要任何一种专业，学习任何专业也都可能进入任何一个行业、从事任何一种职业。你很难说哪种专业好、哪种专业不好，因为都会有需要，作为一项技能，只要你学得好就都会有施展的空间。对同一种专业，也很难列出一个排行榜，哪家大学培养这个专业的学生水平最高无从考证，现在常说的所谓哪个学校的这个专业好，要么是在说行业的评价，要么是在说学科实力，都不算是对专业的全面评价。

从实际情况看，大多数人对专业的了解还只停留在对冷热门进行分析的层面上，甚至经常会用“好坏”来标定专业，有的拿行业当专业，有的忽略了同一专业在不同大学的特色差异，有的还没有意识到对于专业来说擅长最重要。如果这些弄不清，你很难不踩坑。

专业匹配考量必须精准

无论是三百六十行，行行出状元，还是闻道有先后，术业有专攻，都在告诉你，只要到最后你足够专业，任何一个专业都有可能成就你，你也可能成为任何一个领域内的专家。关于专业匹配度的考量，切忌经验主义、惯性思维，所有是否适合的结论都必须深入具体、精准到人，要把具体的要素指标与自己的情况做直接的点对点的对应比较，仅凭望文生义和一概而论是不行的，因为一切皆有可能。

之前一个计算机专业的女孩子，毕业去了互联网企业做 HR，后来去小米做了人资管理；还有好多学工科的女生，有的考了公务员，有的读了硕士博士后在高校当了老师。你说这些专业适不适合她们呢？所谓的某个专业适不适合女生，都是把专业等同为职业了；还有很多坚持要学某个专业或者坚决不学某个专业的学生，其实很多是想进入某个行业或不想从事某种职业，内心想要的或排斥的并不是专业。在第一章的澄清目标中我们已经讲过一些常见误区和应对的方法。

在第二章讲到的主流方式中，找到分数对应的大学后，往往第一件事就是去找“这个学校哪个专业最好”，但所谓最好专业，指的是这个学校擅长培养这个专业的人，但你想没想过，自己还真不一定擅长学这个专业。这和追求热门专业性质一样，某省属重点高校的两个绝对热门的专业，也都是学校的优势专业，专业建设成果斐然，但以其中一届学生为例，入学 427 人中，正常毕业时只剩 374 人了。对降级和退学的学生而言，当初选择时都没做到与自己的实际条件精准匹配。

几年前一名学生高考得了 660 多分，因为高中数学成绩不错，自己还想当老师，所以高考志愿填报了国内顶尖的师范类大学，也被录取到了“数学与应用数学”这个专业。但是，一年以后这名学生降级了，差点回高中重读，就因为报考志愿时凭主观的表面认知选择了职业方向和专业，高中的数学和大学的数学专业差别很大，上了大学后才发现自己既不喜欢也不擅长，一切悔之晚矣。

两方面确认专业是否擅长

我们一定要看清一件事，大学的专业是你要去学习掌握的技能，对于学什么技能更适合这件事，每个人的天赋、习惯、基础和条件都不一样，比较起来依据的标准一定是自己能否擅长最重要。我们求职找工作要靠擅长什么，而不是喜欢什么。对专业而言，评价自己是否擅长学远比判断是否感兴趣更重要。

如何确认是否擅长？可以通过两个方面：

一是这种专业的课程组成。学习一种专业，学的其实是组成专业的若干门课程，从大一的高数、英语、公共课到最后的专业基础课、平台课、专业课等，几十门课程你都成绩达标了，你就叫这个专业的毕业生了，擅长学这些相关课程，才说明你可能擅长学这个专业。

二是各大学发布的新高考选科要求。在教育部统一的“选科指引”指导下，大学对各专业的生源在高中阶段必须具备的学科基础提出了具体要求，依据它，可根据对应高中学科的掌握程度，对大学的专业学习做出预判。但一定要切记，高中的基础学科和大学的专业之间差距甚大，不能简单化对应，还是要同步深入考察大学期间的课程组成。

从大类入手了解专业

到了大学你就会知道，专业之间是互为联系彼此支撑的，好多都是增加了这几门课就是 A 专业，再调整几门课就成了 B 专业，所以，当我们面对近千种专业时，从专业大类去了解切入最容易，而且往往还可能会有意外收获。

一是专业大类到目前只有 94 个，而且不会频繁增减，每年的新增专业和停办专业都是在各自大类范围内，抓住大类就能不受每年专业增减的干扰，任它如何调整变化，你都会在一定的方向上和范围内做选择。

二是教育部关于大类的人才培养质量标准有专门的分类要求，各大学只要是办专业，必须满足专业所在大类的基本要求，专业大类是树干，其中的专业是分支，抓住大类就能抓到本源。

专业大类的“培养目标”和“课程设置”都是这一大类的专业所共同该具备的基础，是培养学生必须要有的“底线”课程。了解时你还会发现，你可选择的专业不是唯一的，同一大类内的其他专业也包含着同样的相关课程，只要进了某个大类内的专业，你的理想都可能实现，所以你的选择路径会更宽。

三是有利于你打开某个专业对视野的局限，现在的用人单位招聘更多也是按专业大类提岗位要求，好多大学也都在推进大类招生，你要是拘泥于某一两个具体专业就落伍了，容易做毫无意义的坚持。上推到专业大类的框架了解专业，你会更清楚地看到，对未来发展而言确实是条条大路通罗马。

四是从专业大类更容易看到与学科点之间的对应关系，便于你判断未来读研深造的方向，同时国家对各专业没有统一的实力评估及排名，但对学科有，学科评估结果是公开发布的，可以把它作为一个依据，去判断学科对应专业的人才培养实力和特色。根据学科评估结果，你可以看到专业大类对应的学科，都哪些大学的实力比较强，还可能发现有些学校这方面比较厉害，但你原来没注意到。与此同时，还能对自己的未来深造途径做出规划预判。

五是新高考的选科也是根据大类提出的要求，在本书第七章中，你会看到在选科当中的应用。

必须深入院校考察的五个方面

因为每所大学的服务面向、特色定位不一样，骨干教师的研究重点也不同，所以同一种专业在不同院校可能有完全不同的人才培养方向，匹配专业一定要结合所在大学，不要只是就专业说专业，会出现很大偏差。尤其是新高考省份，更要结合院校看专业，因为选科要求都是各高校自己提出的，同一专业在不同高校的要求可能不同。关于匹配专业，在下面这些方面，一定要深入到具体院校当中做考察。

第一，关于专业方向的判断，我们可以通过学校官网的招生或院系网站，查询具体的“培养目标”和“课程设置”，作为从大类角度了解了人才培养方案的补充。

此外还有个便捷途径，可以通过院系专业骨干教师的研究方向，判断专业的主要方向和擅长点。专业的代表性师资都在研究某个方向的事情，学生的方向可想而知，以后在这方面获取资源也会更容易。之前一位考生想学生物工程，我建议她用这个方法进入目标院校了解一下具体方向，结果这个学校的生物工程专业，骨干教师都在研究农作物环境菌群相关技术，而她想学的是和基因制药有关的方向，多亏做了深入了解，避免了误判误选。

第二，专业“设立时间”。这在大学的院系介绍里会找到，一般设立时间越早历史积淀越深，特色会越显著，实力一般会更强。当然有些专业可能没有详细介绍，如果特别想了解，可以拨打院系的招生咨询电话确认就可以。

第三，关于“认证评价”。国家对专业没有统一的评估评价榜单，只是有些学校的专业会参与一些认证，比如前几年比较受关注的“工程教育认证”等，再就是国家和各省一般会有对重点专业的扶持计划，每个五年规划的提法不同，各省推出的计划也不一样。可根据大学实际公布的信息和所在省份情况了解。

第四，关于“深造途径”。可以在了解相关高校学科评估结果的基础上，从官网上查询这个学校自身有没有对应学科的硕士点、博士点，如果有，今后考起来会相对有优势。

特别看重继续深造机会的同学可以做更多了解，包括学校招硕士、博士的老师都有哪些，他们都研究什么方向。如果所考察的院校继续深造的途径不够理想，那么对应好的大学还有哪些，有没有同城比较好的学校……这些都和你大学及专业的选择有关，也就是说你不能只看眼前的路，还要算未来的账。

第五，关于专业获得的头衔。有必要提醒你的是，一旦看到了某个专业的评价头衔，别轻易下结论，先去了解清楚这个头衔的内涵是什么才是王道。

《专业匹配度考量关键要素对标必备参考》

关于大学的相关情况，我们有很多资料可以参考，但是关于专业的情况，目前还更多地停留在只就专业本身做“专业介绍”的层面，没有关于专业大类与对应学科、学科评估结果、选科要求、人才培养目标和课程组成、对应行业及行业内代表性企业这些内容，更没有系统的分类汇编供大家查询参考。

为此，我专门根据92个专业大类相关情况设计编制了《专业匹配度考量关键要素对标必备参考》（以下简称《必备参考》），它与之前讲过的“心动唤醒”同步使用，可满足考生在志愿选报时关于专业考量上的基本需求，启发思路，快捷高效。

在《必备参考》中可以直接查询如下信息，如图3.1所示：

1-1 哲学类	
学科门类	哲学（对应一级学科：哲学）
专业大类	哲学类
选科指引	科目一：□物理 □历史 科目二：□政治 □地理 □化学 □生物
包含专业	哲学，逻辑学，宗教学，伦理学
专业大类培养目标	哲学类专业教育教学以马克思主义为指导，培养具有坚定正确的政治方向、扎实的哲学专业基础知识、较强的理论思维能力和能够运用哲学思维认识、分析理论及现实问题的能力，良好的人文基础和自然科学素养，强烈的社会责任感和宽广的国际视野，良好的人际沟通和社会交往能力，善于合作的团队意识和一定的创新、创业能力的专门型或复合型人才。哲学类专业学生应系统掌握马克思主义哲学、中国哲学、外国哲学的历史与理论，以及逻辑学、宗教学、伦理学、美学、科学技术哲学等领域的专业知识。哲学、逻辑学、宗教学、伦理学专业的学生应掌握本专业的基础知识，了解国内外本专业的相关理论前沿和发展动态，具有相关的人文学科、社会科学和自然科学知识。哲学类专业学生应基本具备创造性地学习哲学专业知识的能力；具备将所学哲学理论和思维方法用于处理具体问题的实践能力；具备能够以哲学思维方式进行理论研究的创新能力；具备较强的专业文献阅读能力和表达能力；具备较强的外语听说读写能力

图3.1 《必备参考》“1-1 哲学类”

专业大类课程设置	总体框架	哲学类专业课程体系包括公共基础类课程、通识类课程、专业理论课程、实践教学环节、毕业论文
	公共基础类课程	公共基础类课程包括思想政治理论课程、信息技术课程、大学外语课程、公共体育课程、军事理论与实践课程等
	通识类课程	通识类课程包括相关的人文学科、社会科学、自然科学等领域课程以及创新创业类课程,其中应包括至少 1 门自然科学领域课程和 1 门创新创业类课程
	专业理论课程	专业理论课程分为专业基础主干类课程和专业方向类课程。专业基础主干类课程均为必修课程,采取“3+X”模式,其中的 3 是指 3 门哲学类专业必修基础课程,即马克思主义哲学、中国哲学、外国哲学,X 是指哲学类各本科专业(即哲学、逻辑学、宗教学、伦理学本科专业)的必修基础课程
	专业方向类课程	专业方向类课程均为选修课程。课程设置应注重经典阅读、问题导向和跨学科研究。鼓励开设跨专业的交叉课程。课程应注重培养学生运用知识分析、解决问题的能力,探索灵活多样的考试形式
第四轮学科评估(仅供参考)	A+	北京大学、复旦大学
	A	中国人民大学、南京大学
	A-	北京师范大学、吉林大学、武汉大学、中山大学
	B+	清华大学、南开大学、黑龙江大学、华东师范大学、东南大学、浙江大学、山东大学、华中科技大学
	B	中央民族大学、山西大学、东北大学、同济大学、南京师范大学、厦门大学、湖南师范大学、四川大学、陕西师范大学
	B-	辽宁大学、大连理工大学、上海师范大学、苏州大学、中南大学、华南师范大学、西南大学、西安交通大学
	C+	中国政法大学、河北大学、安徽大学、华侨大学、南昌大学、河南大学、湖北大学、中南财经政法大学、兰州大学
	C	吉林师范大学、上海大学、吉首大学、深圳大学、西南民族大学、云南大学、昆明理工大学、西北政法大学
	C-	河北师范大学、沈阳师范大学、安徽师范大学、河南师范大学、广西大学、四川师范大学、西南政法大学、云南师范大学

图 3.1 《必备参考》“1-1 哲学类”(续)

（1）专业所在的大类，对应的一级学科以及国家学科评估结果中这些学科的上榜院校，可以直接看到专业学科与对应有实力院校间的关联。

（2）每个专业大类或专业对考生的选科要求，也就是要想学某个大学专业（大类），必须在中学阶段具备哪门基础学科的学习基础。这不仅适用新高考省份，传统高考考生也可据此评判自己学习某专业的基础是否具备。

（3）各专业大类及相关专业的培养目标及课程组成，也就是它的人才培养方案，这部分是考察专业的重中之重，是判断一个专业是否适合你学习的最重要参考。

（4）通过“心动唤醒”可以看到部分行业、行业内代表性企业、企业所需的代表性专业、对应学科及有实力院校间的关系。

这4项信息直接查询比较困难，要想再做到它们之间一一对应就更难了。有了《必备参考》和“心动唤醒”，既可以便于考生和家长在志愿选择和3+X选科过程中快速查询，也可用于相关人士认知了解专业、学科和行业之间的关系以及和它们相关的必知常识。

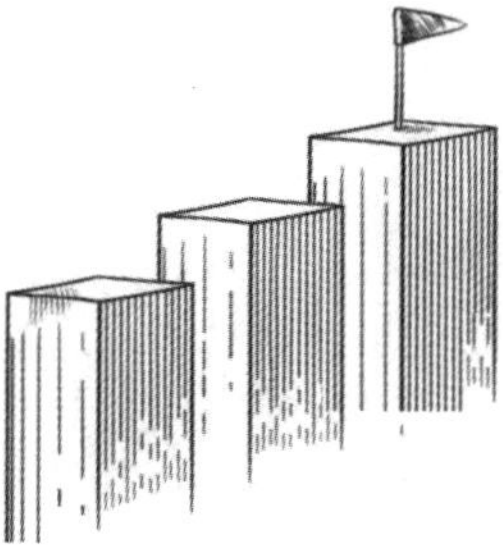

第四章

打开大学的录取围城

传统高考和新高考都一样，大学的招生服务于要录取到更优秀的人，选择依据就是高考成绩。虽然不同类别的考生会有不同的打分标准，但录取的逻辑都一样，一切都围绕着“按分排队，高者优先”的原则在操作。

在高考成绩和心仪大学之间，有一座用来匹配考生意愿和院校专业的围城。你带着分数在围城入口提交志愿表，在出口处可以领到一封某所院校专业的录取通知书，从志愿表到录取通知书的过程，在围城里会按既定规则进行。

它像个“黑匣子”，一端是所有人同时输入志愿信号，另一端会同时输出录取结果，每一个输入信号的变化都会导致输出结果的不同。因为你永远不确定别人会输入什么信号，所以无法把握结果，可你又必须根据想要的结果表达自己的意愿，怎么办？

于是，很多人在记录历次输入输出，试图找到其中的规律，还有人将这些数据做成了变化模型，打算对各种可能性做出预判。可问题是，对你而言，这一次的意愿表达能得到什么结果，只和这一次所有人的输入有关，我们可以汇总以往数据并呈现规律，但还是不确定本次的输入别人会怎样做，怎么把握结果？

其实，这一切无法把握，都是因为你仍身在城外。在城外能看到的，只是围城输入和输出的两端，都是变量，而且一变全变，你不可能把握得了。可这个过程中是有不变量的，没错，就是围城内的大学录取规则，所有城外的变化都来自城内不变的规则。

一直以来，很多人也在研究规则，而且感觉已经十分精通，可为什么还是会被以往规律牵着走呢？因为你始终是以城外考生的角度在看规则。而这规则是谁制定的？是大学。你不从规则制定方的角度看问题，就不可能真的把它读懂，一旦你打开了招录围城来到了城内，就会豁然开朗，能够轻松做到让规则为己所用。

要打破认知局限，找到自身坐标，通透把握以下几点即可。

分省分专业招生计划

首先要明白高校是在分省分专业招生，你看到的院校招生录取情况，只是所在省份的情况，不是这所大学的全部，往年录取结果也只是大学当年的录取生源质量的反映。

一所大学包含若干个院系，这是组成大学的单元，各专业的人才培养，分别在对应学院（系）完成。所有的专业每年会根据自身的师资、条件及发展目标确定招多少人来培养，这些人数加在一起就构成了大学的“招生计划”总数。从图 4.1 大学分省确定招生计划示意图可以看到，一所大学的招生计划，比如本科 5 000 人，通常是要分配到各个省份来完成，而在哪个省份招收什么专业的学生，每个专业在各省招多少人，都要大学根据每年的办学实际来确定。

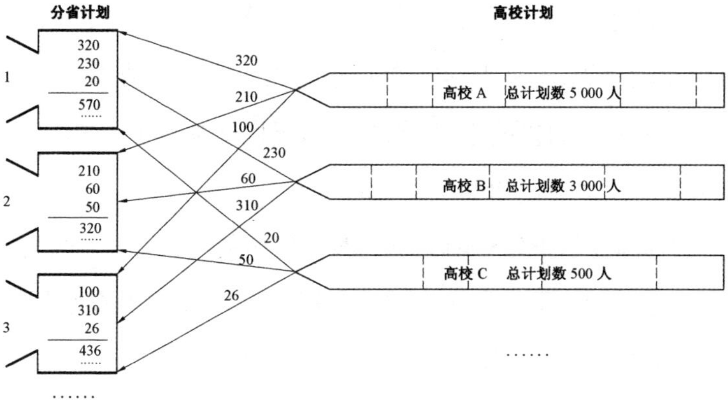

图 4.1　大学分省确定招生计划示意图

这里要看到，大学在不同省份招生的专业和计划数可能各不相同，但不管你在哪个省，一旦被录到这个大学的某一专业，你就是和全国所有省份来这个专业的学生在一起学习的。

大学招生时，只需保证在同一省份考生相互之间的公平，而各省间的计划数、投档规则和考生分数情况可能都会不同，所以在各省录取到的考生层次也可能不同。但当你进入大学后，你们获得的资源和机会不会有区别。所以当你在 A 省份纠结自己得了 580 分，不想去往年录取到 520 分的高校时，这所大学可能在 B 省份历年录取分都是 600 分，你怎么定义是赔了还是赚了呢？

对于一些地方重点大学，我们前些年在大学一侧经常见到，同一专业同一班级睡在上下铺的兄弟，他是 A 省份一批次录取来的，另一位就是 B 省份二批次被录取的，从学生大学期间的实际收获看，会有区别吗？不会。

看清了这些，我们就跳出了所在省份的眼界局限，你要获得的是大学的资源，不是大学在你的省份录取到什么结果。大学在各省份同时招生，你所在省份的招生情况只是本省生源情况的反映，与判断一所大学的价值大小关系不大。

与此同时，把每一所大学在某一省份的招生计划，全都汇总到一起，这就构成了你所在省份的全部计划，这就是身在城外的你看到的“大本计划”。各大学在你所在省份确定的招生计划才和你的录取有关，是可选的“最大范围”。当然，换个角度，你还可以看到更多机会，只要到了一所大学，它拥有的全部专业或相关资源，你都有可能在入学后获取到。

大学的全部招生类型

知道了各省的招生计划，还要进一步聚焦到不同的招生类型。大学会分不同类型招生，各省也会把来自各大学的多种招生类型分类列出，这就是你在“大本计划”中看到的不同类型招生计划。

在考生一侧，会有不同的科类组合：传统高考省份一般是文科和理科；新高考省份，指的是历史类、物理类以及对应的选科组合。不同科类的学生高考科目、考评内容、成绩给定及排序原则等各不相同,可选的院校和专业范围也不一样。我们的志愿选报聚焦到自身所在科类内做选择即可。

每个科类或组合的考生,都会有对应的招生类型的选择,很多人都曾因"招生类型"层出不穷而头疼,今天是文理科,明天新高考又是物理类和历史类,这边是艺术类、体育类,那边还有什么强基计划和高校专项,数不胜数,一时间难以把握。

到底有多少是我不知道的?我会不会又错过了什么?想要每种类型都了解又觉得做不到怎么办?

其实,从大学角度来看就简单多了。你可以把大学招生类型就按两种掌握:一是普通类型招生,二是特殊类型招生。

普通类型招生可以理解为只依据全国或全省统考成绩进行录取的招生类型。传统高考省份的大文大理计划,新高考省份按选科要求不同给出的计划,只要是只依据统考成绩进行录取,都属于普通类型招生,这是最多人关注,也是计划数占比最大的招生类型。

特殊类型招生可以理解为录取的依据除统考成绩外,还有高校自主命题或自主组织测评的成绩。常见的有"高水平运动队""高水平艺术团""强基计划""保送生"和"高校专项"等,新高考省份还有"综合评价录取"和"自主招生"两种类型(这里注意新高考模式下设置的"自主招生"和前几年一度比较火的"自主招生"内涵是不同的)。因为这些类型的招生要根据各大学的办学特色和生源需求,提出专门的考评标准,所以各高校会有各不相同的名目设置、操作流程和测评依据,招生计划会与普通类型招生的计划并行列出,互不影响。特殊类型招生每年都会公布专门的招生章程,要想更多了解,就跟进章程。

这里还有艺术类和体育类的招生。因为艺术类考生的录取除文化课外还有术科成绩,而术科测试分省联考和校单考两种,校单考就不在统考范围内了,所以也被划在了特殊类型招生范围内。当然,艺术类招生中也有按照全省联考成绩计算综合分排序录取的,也可算在普通类型范围内。体育类考生几乎都是各省联考,所以,按我们的定义,放在普通类型招生也可以。

有些人不清楚"体育类"和"高水平运动队"的区别,可以这样来看:"体育类"是在招收要学习体育相关专业的学生;而"高水平运动队"招生,是大学为了建设自己在某方面的高水平运动队伍,每年拿出一些专业的招生计划,专门招收有某方面运动专长的学生,这些学生入学后都是为了学习专业知识,但会参加运动队的训练,代表学校参加比赛,我们知道的好多体育运动员都是这样在大学学习的。"艺术类"和"高水平艺术团"的招生区别也是如此。

上述普通类型和特殊类型招生,涵盖了全部类别,今后你看到再多的招生名目和形式,一定都是在这个范围内的。普通类型招生都会根据统考成绩排序录取,特殊类型招生会有多种名目形式。关注什么就跟进对应的招生章程,你看,是不是清晰了很多?系统了解了这些类型,你就不必担心是否错过了。

这里还要再注意两点:一是对于传统高考省份,不管你关注哪种招生类型的计划，从考生类别来讲你要么是文科生，要么是理科生；新高考“3+1+2”模式省份，考生要么属于历史类，要么属于物理类，不管哪一类都可以关注不同的招生类型。二是普通类型和特殊类型招生二者可以同时考虑，这只是高校不同的招生录取形式而已，不是非此即彼互为排斥的关系。

总之，我们只关注与自己相关的招生类型就够了。

看透招生批次的本质

高校在各省份按不同招生类型录取时，从操作上要有先后顺序，这个操作顺序就是批次。批次与投档录取直接相关，关于它的认识误区也比较多，非常有必要对其本质有更通透的认识。

为什么划定批次

为什么要划定批次？各省公布招生计划后，考生在自己关注的范围内选报志愿，然后就要投档录取。不管你填多少个志愿，最后只能被录取一次，如果你在不同招生类型内都有志愿，哪种类型先录取、哪种后录取就有区别了，从这个角度看，也需要划定批次分出不同类型的录取先后顺序。即便同在普通类招生中，也会存在不同性质的大学，哪怕对同一所大学，也存在有不同招生需求的专业计划或录取条件设置，因为录取结果的唯一性，对这些招生计划而言，实际操作也要分出先后顺序，批次就是实操顺序的划分。

好多人把批次当成了院校层次的划分，这是误区。

批次靠前的本质是扶持

来看一个例子。每个省份的这座围城都好比一座车站，每一辆进站的列车都是一所大学，列车来到车站要拉走客人，如同大学在各省把学生招走；每辆列车都会给各个车站预留座位，每节车厢都好像一个专业，座位来自不同车厢，就是大学在各省会有不同专业的招生计划。

我们看，如果要进站拉走乘客的列车有 1 000 辆，可车站只有 100 条铁道线，这些列车没办法同时进站，怎么办？只能让列车分批次进站，这就是录取的批次，第一批进站的就是一批次，依此类推，如果有列车需要提前进站拉走学生，这就是提前批。显而易见，先进站的列车拉走高分学生的可能性会更大。

各大学一定都想先进站挑学生，怎么确定先后顺序？根据国家和地方的需要以及大学招生的实际需求。相对更需要优先保障生源质量的学校，就放在相对靠前的批次，所以你看，涉及国防安全的部队院校全在提前批录取。刚恢复高考时，我们要优先保证国内各条生产战线的人才培养，所以把各部委院校都放在了一批；后来有了“985”和“211”，为了给这些入围的学校生源上的支持，所以让它们都在一批招生；再后来，批次的调整就根据需要越来越多了。很多人会误以为批次是院校好坏的标签，其实不是，批次靠前只能说明想优先保证它的生源，更类似一种扶持措施，它可以先进站拉走学生而已。

批次控制线的意义

除了所在录取批次越靠前对高校越有利外，批次控制线的划定也对高校招生比较有意义。划定了批次控制线后，在某一批次招生的大学，在志愿生源不很充足时，即便再怎么征集志愿或向下录取，所录取到的学生也一定是分数在批次控制线以上的，是不是相当于这条线成了录取到学生的分数底线，是对院校生源质量的一种保障。

批次控制线是如何划定的呢？不是人为预设，而是水涨船高。就是它会对照需要在某个批次以上录取的招生计划总数，按照一定的比例放大人数，再看所有考生中按这个人数排在最后一名的考生对应的分数，就被确定为批次控制线。当然，划定时还会根据实际情况在这个分数上下有微调，但不会有大的出入。比如，某省份所有在一批次控制线以上招生的大学计划总数是 10 000 人，我们放大 30% 的比例，把第 13 000 名上下的考生对应的分数确定为一批次控制线。

为什么多让 3 000 人进来呢？因为排在 10 000 名以前的考生中可能会有体检受限的、专业不服从调剂的等情况，不能被录取，那就要留出余量，保证院校都能按计划录满。所以你看，不管你怎么填报志愿，总会有 3 000 人在这个批次内没有院校可去，因为计划总数就 10 000 人。所以提前分析预判某一年度高考分总体会高还是低、预判批次控制线会上升还是下降，没有任何意义！

看到取消批次的意义

原来的批次设置是从 1977 年恢复高考时延续至今的，那时的技术条件也比较落后，2002 年以前各省又都是手工投档，即使同类院校合并批次也不容易操作。加上后来高校扩招发展建设的需要，一直没对批次的设置做大的改动。

高考改革后，各省逐步取消批次，一是因为现在的技术手段和手工投档时比，可以同时完成多所院校的录取，也就是说车站的铁道线变多了，1 000 辆、2 000 辆列车都可以同时进站了，硬件基础和手段首先有了保障；二是更想突出以人为本，更多地保护考生，因为没有了批次控制线做保证，没有人报考的学校就可能录取分直接到底，通过征集志愿保证录到批次控制线以上的学生不可能了，但是学生却可以根据分数高低分段填报志愿，高分段的学生可以多次填报志愿，这就最大限度地保护了高分考生一定能有学可上。要是再加上新高考设置的“院校+专业”的投档模式，录取时，大学的专业就从幕后来到了台前，想通过接收服从专业调剂考生保证生源已经不可能了，这部分第七章我们会更多讲到。

把批次看清楚，我们就会少很多吃亏占便宜的纠结，会更加关注院校专业与自己的匹配度，而且应对志愿的眼界也会更开阔。总之，不管你在哪个省份，只要高考分数一确定，你在对应招生类型中的具体批次就确定了，这才是你重点考虑的部分。

不一样的平行志愿

关于平行志愿，我们再熟悉不过了，但因为觉得熟悉，很多人便没有对它的逻辑做更深思考，以致好多填报志愿的误区都来自于此，白白浪费了分数的价值。所谓平行志愿，不要从“平行”上去理解，只看8个字：“分数优先，遵循志愿。”

按分排序录取的逻辑

我们还是通过一个例子看。假定某个科类的考生有6 000人，在这个科类招生的大学有100所，每所学校招50人，那录取就是在6 000人中分配这5 000个计划名额。

根据平行志愿的原则，“分数”和“志愿”两个要素非常关键，谁的分数高谁就排在前面，排到谁了就按个人的志愿顺序去匹配院校专业。这6 000人按照分数高低先排班站队，这是“分数优先”，排好顺序后，从排名第1的开始征求意愿，依次类推。

可以看到，排在前50名的考生可以随心去选，在100所大学中选哪里就能去哪里，哪怕这50人都要去同一所大学A，A大学也全都能收得下，因为它刚好有50个计划。只要检索到你时，你所填报的高校有空余计划，就可以被投档到这所大学。这50人的压力在于到底选哪所，而不是选择了能不能去得上。

从排位在第51名考生开始，他的第一志愿就存在不能被满足的可能，比如前 50 人如果都选 A，他就没机会了，但只要前面有一个人最想去的不是 A，他的机会就来了。就算出现了想选又选不到 A 的情况，这名考生二志愿也是可以选哪里就去哪里的。

之后的考生都一样，按分数高低顺序，排到谁那里，就征求谁的意见，按个人志愿从前到后的顺序，最前面的哪个志愿大学有空余计划，就会被哪所大学接收。但究竟会被第几志愿的大学接收呢？谁都不知道。因为比他排位靠前的人都报了哪儿、又都被录取到了哪儿、检索到他时哪些院校还有计划，这些都无法提前知道。在这名考生之前只要有一个人的志愿发生变化，占用的大学计划就会变，剩余的院校计划也就变了，后面的考生录取结果就全都可能会变。这就是平行志愿所说的“一变全变”。

需求不同让一切皆有可能

对大学来讲，每所大学录取到的最后 1 名会是多少分，同样无法提前预知，完全取决于 6 000 名考生中每一名考生的志愿是什么。并不是这 100 所大学有统一的官方标准，从 1 到 100 有确定的含金量排序，然后前 5 000 名学生都会先选第一所，选不到了就选第二所，最后第 4 951 名到第 5 000 名都会选第 100 所。如果有这些排序的话，按大学含金量排序和学生排名直接分配好了，还要志愿干什么？当考生数量大到 10 万、20 万甚至更多，当院校在上千所、计划总数也要几十万时，逻辑都一样。

你的需求不同，大学对你而言的价值就不同，志愿是因为需求会有不同而存在，志愿的不同会让录取结果一切皆有可能。在按顺序检索到某一考生时，可能他志愿表上所填的院校都被前面考生占满了，这时他就只能等下一批次再投档时看有没有机会了，而这些在5 000名之前的考生因没有匹配志愿而失去资格时，排在5 000名之后的考生机会就来了，如果检索到他们时，所填志愿中还有大学有空额，他们同样会被投档到这所大学。

为什么传统高考和新高考的“院校+专业组”模式一定要服从专业调剂？因为你被投到某所大学后，如果你的专业志愿都不能被满足，你又不服从调剂，高校只能把你的档案退回，即便在这所大学后你还有别的院校志愿，但在你被投到这所大学的同时，其他院校是供排在你后面的所有考生选择的，他们和你一样，都会在同一时间被投到对应大学，被退档的你已经没机会再选择了。

每个人都是在排在你前面的人没有选的范围内做选择，所以前面的人想法一变就全都会变，对此你无法预测。又因为每个人能填报的志愿数量有限，如果自己填的志愿都被前面人占满了，你就在这个批次没机会了，所以，一定是你可填写的志愿数越多对你越有利。

大学录取步骤和专业分配原则

大学的招生录取是由投档和录取两部分工作构成的，前面讲的都是投档相关概念，是由各省考试院操作的，当考生被投到大学之后，由各高校分配专业，这个过程叫作录取。

结合图4.2高校本科录取实操流程，我们看一下大学录取的实操步骤。

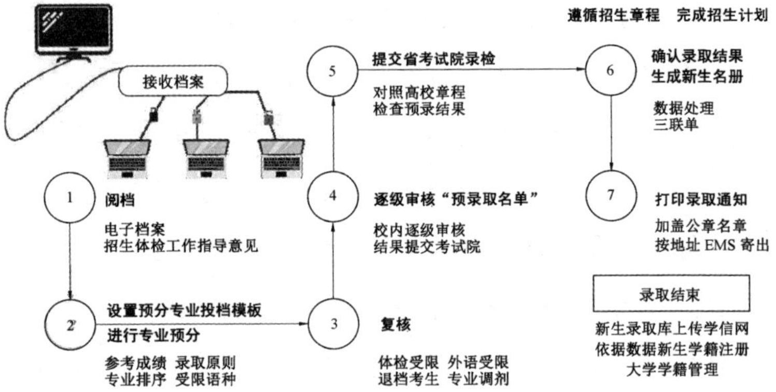

图4.2　高校本科录取实操流程

大学会在系统中接收到各省考试院投过来的考生档案，之后会进行操作：

第一步，阅档。逐一审阅考生的电子档案，这个过程会重点关注体检信息和各种专业受限的情况。

第二步，设置预分专业投档模板，进行专业预分。

这一步是在设定专业分配的原则，考生的专业就是在这一步根据具体原则被分配的。在图4.3高校“设置预分专业投档模板”操作界面中可以看到，一共有3种规则可选，分别叫作专业清，分数优先，专业级差。具体选择哪种方式，需要跟各大学招生章程中的约定保持一致。

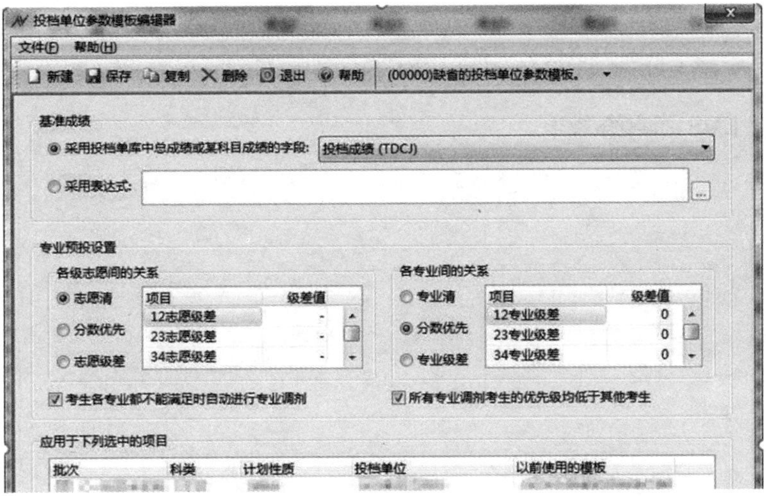

图 4.3　高校“设置预分专业投档模板”操作界面

三种规则对应不一样的考生排序方式:“分数优先”就是平行志愿;“专业清”就是阶梯志愿;“专业级差”是指专业志愿之间有级差设置。目前,绝大多数高校都采用“分数优先”的原则分配专业,也就是平行志愿的逻辑。

第三步,复核。对专业预分的结果进行审核,重点关注专业受限、专业调剂和退档考生情况。

第四步,逐级审核“预录取名单”。将复核后的结果按校内流程逐级审核。

第五步,提交省考试院录检。由省考试院对照高校公布的招生章程,检查高校的预录结果。

第六步，确认录取结果，生成新生名册。高校根据省考试院录检后的结果进行相关数据处理。

第七步，打印录取通知。将录取通知书加盖公章和校长名章，以 EMS 邮寄给考生。

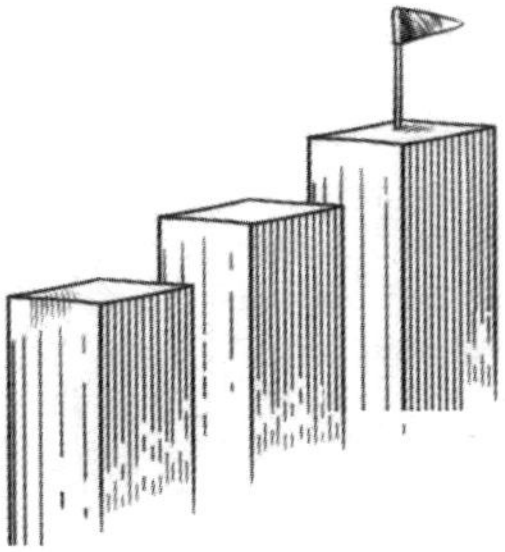

第五章

让志愿不被高考分数裹挟

高考志愿要立足分数，但选择却不能被分数裹挟。高考成绩给你的是选择院校的顺序资格，不管排在什么位置，选到对自己而言有价值的大学才算发挥出了分数的价值。大学的价值不能用录取分去标定，只要适合自己未来发展的需要，就是最大的价值，以此为目标，你就可以突破分数的局限，找到相对最好。

“老师，你看我能去个多少分的学校？”

“我这个成绩有没有可能上个分高点的大学？”

“想选个好大学，最起码不瞎分……”

“冲一冲的院校一般要高出多少分？”

“这个分的学校有哪些？”

…………

这些问题是不是很常见？把它们罗列到一起可以看到，这背后无形中在默认一个价值逻辑——录取分数等于大学的价值。所以明明想选择有价值的大学，却变成了要选择录取分数高的院校。

大学是有价值的，对不同需求的人来说有不同的价值；高考分数也是有价值的，它的价值来自于可以让你选到对自己有价值的大学。如何能够选到？要通过高考志愿去实现，志愿的选择要立足现有分数，但却不能被分数裹挟，只要你能找准方向，抓住本质，就可以做到不受分数限制，多少分都能选到好志愿。

你在被分数裹挟

几乎所有人在选志愿时都要参考往年的录取数据，也会据此给自己一个坐标定位，希望能以此为参考标准，解决“我到底有资格去选哪些大学”的问题。这个操作本身没有问题，但过程中有些人会产生一种错觉，会无形中把“录取分等同为院校的价值”，这就走进了价值标准的误区，如果你也在这样做，就说明你已经被分数裹挟了。

被分数裹挟一般有明显的表象：会在往年录取分与自己高考分数相当的院校中选大学，向上浮动担心不能录取，向下查找会不甘心；排志愿顺序时，会不自觉地把往年录取分数高的院校往前排，把往年分数相对低的院校排在后面；报志愿的主要精力没放在考察大学和专业与自己是否匹配上，更多时间用于分析数据变化并预判趋势；对各种分数线的预测感兴趣，希望低分高就，相信报志愿有技巧，还有水平的高低……

我常讲一个例子：如果我们干活赚了200元钱，今晚要去市场买菜，但不管买什么，200元钱都一次消费不找零。今天市场上的猪肉剩得多，买的人也少，所以排骨才80元一扇；而豆腐只剩两块儿，想买的人还挺多，卖到了170元一块儿。原本你特别喜欢吃排骨，又很擅长各种做法，但一想到花200元钱买排骨相当于浪费了

120元钱,心里很不是滋味,于是最后花170元买了一块儿豆腐,关键你还未必爱吃或擅长做。你看,是不是被价格裹挟了?东西少但买的人多价格就会高,反之就会低,这是市场供需匹配的结果,但东西到底值不值还要看你想要什么,价格从来就不一定等于价值!

你被分数裹挟,把录取分当成院校价值去做选择,有一个比较重要的原因,来自一个问题:“分数不能反映院校的价值,可为什么清华北大总是最高分呢?”这是逻辑上的误区。清华北大总是最高分,是因为最高分的人会选择清华北大,并不是清华北大就值最高分,如果哪一年清华北大没人报考,录取分也一样会跌到底。前几年在黑龙江,曾连续出现过有“985”院校最后录取到批次控制线的情况,就是因为无人报考,与院校的价值无关。

录取分是这样得到的

专业的招生工作人员一般不回答“你们学校录取分数线是多少”这样的问题,他们只说录取的最高分、最低分或平均分,这不是一条画好了的线,没有标准规定那是一所多少分的学校,高于或低于这个分数就不行。

大学的录取分只和两个要素有关:招生计划数和报考人数。计划不变的情况下,报考的高分人数多了,录取分就会高,报的高分人数少了，录取分就会低；或者在某个省份的招生计划数多了，录取分下降的可能性就大，计划数变少，分数就有可能升高。比如大学公布计划某专业要招30人，在报考考生中按分数从高到低排好队，排到第30个符合录取条件的人，这个人的分数就是院校的录取最低分。

和市场上的供需平衡一样，各大学录取最低分的本质就是价格，没人报考就算录取到批次控制线也还是录不满，实力再强也可能会降价打折。每所大学每年的录取最低分都是无法预判的，因为你永远不知道会有多少考生报考，报考的又都是多少分的考生。尤其是招生计划很少的院校，报考的考生情况稍稍发生变化，录取结果和以往比就会出现波动。

对应到专业也一样，如果在新高考的省份录取，在“院校+专业”的投档模式下，理论上会出现某一大学的一个专业录到700分，而这所大学的另一个专业可能会录到300分，完全取决于报考情况。录取分就是计划数和报考人数平衡的结果，是某一省份、某一年度考生报考热度的体现。

认清录取分与院校价值

院校的录取分并非“价值”的标签，无论这所学校录取分数是高是低，都不能说它就是值多少分的学校，不存在全国的高校上秤称一称、每所大学按照斤两排出个价位表的情况，这只是报考的高分考生多的结果。

我之前在负责招生工作时，曾经在一个省份连续3年增加了近200个计划，录取最低分一定会降低，难道是学校的价值在不断降低吗？这个省份增了计划，其他省份可能会减计划，在那些省份可能录取分还会升高，你说这个学校值多少分呢？如果你只考虑所在省份的情况，就容易陷入误区做出误判。

再比如：一所学校在黑龙江省每年都录取到580分左右，计划数是30人，另一所学校每年录取到530分左右，计划数是500人，我们能说那所录到580分的学校就值580分，这所录到530分的学校就不如那所吗？如果让这所每年都录取到580分的学校也按500人的计划招生，可能要录取到510分才能录满。

只要是录取分数，就只是在反映招生计划数和报考人数的关系，千万不要给分数赋予更多的意义，更不要通过它来衡量院校的价值。院校的价值在于能给你未来的发展提供什么样的支撑，对你好才是真的好，我们有那么多的渠道去识别大学匹配专业，那都是直接有效的，为什么非要通过历年的录取分去做没有实际意义的推理呢？

很多人都是在"实力强才会报考的人多，高分考生都报考本身就说明实力强"这样的逻辑指导下，坚持以录取分为衡量标准，我们这里说的是，知道你找往年录取分数高的院校也是为了支撑未来发展，但这并不是判断院校对你是否有价值的科学方式。

录取分是在反映考生报考热度这个频道，高校需要更多关注，以便即时调整招生策略，争取更好生源；而院校价值是要看与你的需求是否匹配、是否有助于你成为想成为的人，是可以通过 12 个维度的比较得到答案的。这与录取分完全不在一个频道，为何要舍本逐末、用 A 频道的因去定 B 频道的果呢？

让高考分数的价值最大化

分数的价值，给了你在某个批次内进行选择的顺序资格，但要想分数有价值，必须要面向未来的需要做出选择。要知道，你的分数对应的某个层次的院校一定不止一所，同一层次的学校也不一定就会固化在某个分数领域，对于明确了要获取什么资源的你来讲，选择院校的范围不应受这所学校往年录取分数高低的限制。

你要打开眼界，聚焦需求，选层次，选资源，选收获，但就是不能选分数。要让高考分数的价值最大化，选定目标时应注意这三方面：

第一，对你有价值的院校分数未必一定高。位次靠前则可选院校的数量会相对更多，但位次相对靠后也不见得选不到对自己有价值的院校。一方面大家都想选层次相对较高、资源更加丰富的大学和专业，而每所大学的招生计划都有限，这就会按排位先到先得，越在后面可选余地越小；另一方面每个人需求不同，大学又各有特色，所以排位靠前的考生没选的学校不见得不值得你选，而你想选的大学和专业排在你前边的人也未必看好。

第二，选择目标院校与排位有关，但不必被自身分数局限。大学是分层次、分类型存在的，一般每个高度（层次）所在的圈层内都会有各种类型的大学，也就是大学会按类型分布在各个圈层。考生要尽量在较高圈层内选择想要的，也可在某一类型内尽量选择圈层更高的，不管位次怎样，一定会有与其圈层对应的大学，也一定会有某一类型中所达圈层相对最高的高校。至于能选到多高的，不完全取决于自己的分数，要看排在你前面的人会怎么选、能给你留下什么。

第三，选择院校要立足分数，但千万别轻易放弃梦想院校。何为失之交臂？只有一种情况，就是你特别想去、没有报考、最后发现如果报了就能去上，这就是最大的遗憾，往往是由参照了往年数据觉得不行就没选造成的。但如果你知道了往年数据仅是参考，你特别想去的院校，拿出一个志愿写在前面又怕什么呢？失之交臂也是因为你在被分数裹挟，凭主观分析就放弃了尝试可能会有大损失。

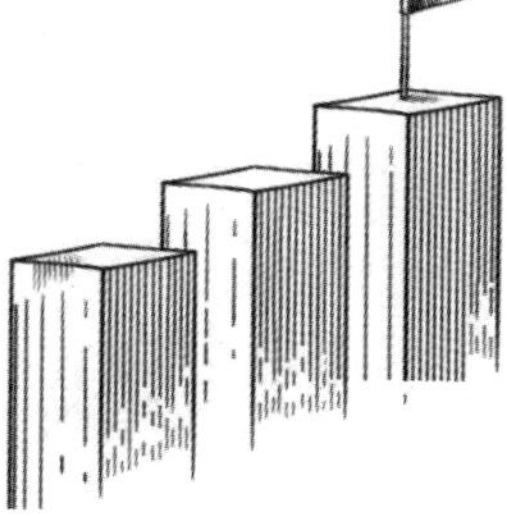

第六章

七步选准大学和专业

选志愿,就是立足自己的高考分数,通过对可选的院校专业做科学比较,最后得到相对最好。自己选好志愿很简单,就七步:圈定可选范围,初筛院校比较,院校深度评价,专业考量匹配,志愿排兵布阵,梦想评估对标,得到志愿表单。包括新高考在内,全都可以按这七步选准答案,实现我的志愿我做主!

之前的几章，我们先后看清了自己的目标大学，明确了好志愿的标准，知道了如何识别大学和专业，也系统了解了大学招生录取的规则流程，更明晰了自己高考分数的价值。现在，面对高考志愿的选报，我们该如何科学专业地把握呢？

想要自己选准大学和专业，可以按照七步法这样操作：

第一步，根据自己的分数，圈选出可选的院校专业，这将是一个最大可选范围；

第二步，对这些院校做初步比较，根据其层次、所在城市、招生专业等情况，选出相对最想先做深度考察的若干所大学；

第三步，进行深度考察，对它们的特色定位、学生就业及长远发展等情况做比较，就可以根据个人心仪程度排出顺序；

第四步，对心仪大学的专业做考察，重点看具体方向和自己是否擅长，得到可选专业，也可能因没有匹配专业更换心仪大学；

第五步，根据大学的录取规则和规律，对选出的心仪大学和专业做科学排序，得到初步的志愿填报方案；

第六步，拿出自己曾经最向往的大学和专业，和初步方案中的院校专业做比较，确定是否值得为了尝试报考它们而调整方案；

第七步，对过程中发现的相关问题，尤其是会对自己决策有重要影响的情况，逐一排查确认，调整方案排序，得到最终志愿。

如何快速有效地圈选出最大的可选范围？怎样得到确切的相关信息完成对大学和专业的比较？如何具体操作和科学确定志愿排序？怎么在过程中做到对照自己的目标需求？接下来，我们按照七步的流程，逐一教给你解决方案。

七步法不难，难的是坚持按照步骤自己把功课做完。想，全是问题；做，才有答案！我们开始吧。

开始七步的操作之前，我们先把“个人基本情况”汇总，将视线聚焦到自己所在的省份、科类和批次，通过填写表 6.1 所示的个人基本情况（定位聚焦）梳理汇总相关信息，明确你所处的方位。

表 6.1　个人基本情况（定位聚焦）

<table>
<tr><td>姓名</td><td></td><td>考号</td><td></td><td colspan="2">科类及组合</td><td colspan="2"></td></tr>
<tr><td rowspan="2">当年分数</td><td rowspan="2">对应位次</td><td colspan="2">上 1 年</td><td colspan="2">上 2 年</td><td colspan="2">上 3 年</td></tr>
<tr><td>控制线</td><td>对应位次</td><td>控制线</td><td>对应位次</td><td>控制线</td><td>对应位次</td></tr>
<tr><td></td><td></td><td></td><td></td><td></td><td></td><td></td><td></td></tr>
</table>

接下来，我们以黑龙江省大文大理一批次的情况为例，讲解七步操作的具体流程，其他省份和科类批次考生，按照这七步的逻辑分别对号入座就可以，同样有效。

STEP 1 圈定可选范围

你的分数会对应你在科类内所有考生中的位次，位次决定你选学校和专业的顺序资格，排在第几位，就有资格第几名做出选择。圈定可选范围的关键，是把“资格”用出最大价值。

这一步，要参照以往年份各院校的录取（投档）最低分、对应考生位次、院校招生计划、所在批次控制线、院校层次和大学排名。为了查询圈选方便，我们已经将黑龙江省各批次类别的情况做了逐年分类汇总，所有院校按照当年投档最低分由高到低（即：对应考生位次由前到后）排序，上述信息都列在院校后面，称之为“院校筛选关键参照数据一表通”，如图 6.1 所示：

理工普通类本科招生批次——一本 A

院校名称	院校代码	所在城市	隶属	院校层次	武书连排名	招生计划	投档分数	对应位次	超控制线分数
清华大学	1003	北京	教育部	原985、原211 一流大学	1	34	682	49	267
北京大学	1001	北京	教育部	原985、原211 一流大学	2	17	680	59	265
……									
北京理工大学	1092	北京	工信部	原985、原211 一流大学	32		592	3116	177
……									
哈尔滨理工大学	1621	哈尔滨	黑龙江省		188	218	472	22428	57
……									

图 6.1 “院校筛选关键参照数据一表通”节选示例

除各大学官网及相关招生网站外，各省考生也都会有不同版本的相关数据与信息的查询参考，一定要选用按照院校录取最低分由高到低排序的版本，同时最好能覆盖到圈选要用到的上述信息，因为要拿来圈选院校，所以，逐年列出的纸质版本最方便。

操作：基准出发找底线，先定稳妥再圈选

参照你手中的往年数据，我们按这个口诀来操作：找到参考基准，沉到同层底线，先圈稳妥院校，触及上限下返，重复更多年份。

结合图6.2所示的圈定可选范围内院校操作流程图，我们这样来做：

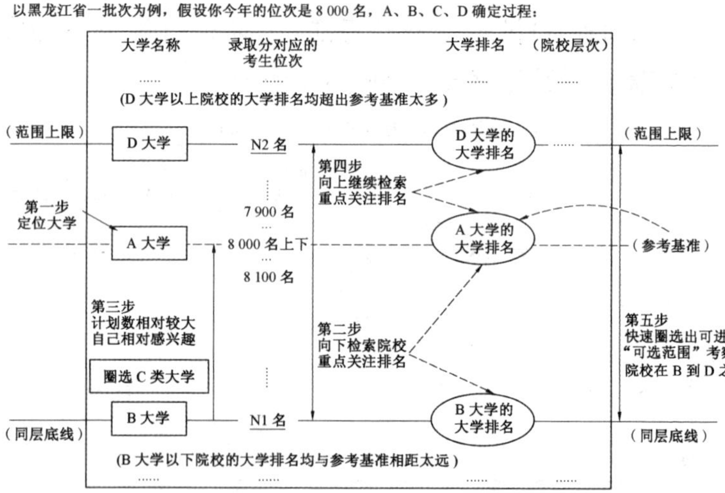

图6.2　圈定可选范围内院校操作流程图

1. 找到参考基准

先在上一年份中圈选院校。比如:你的高考分数在今年的对应位次是8 000 名,先找到去年也是录取到排在8 000 名左右学生的院校,不需要位次完全一样,找到相近的就可以,把这个院校叫作“A 大学”。之后记下 A 大学的院校层次和大学排名,同时留意一下和 A 大学录取最低分邻近的大学,看它们的院校层次和大学排名都大概在什么范围内。

这里要注意,圈选院校的参考基准并不是以往年份的录取最低分,而是其对应院校的层次和大学排名所在范围。如果按照你今年的分数或位次,能够被录取到同样层次或排名范围的学校,应该都是我们从心理上可以接受的。

2. 沉到同层底线

从 A 大学出发,向下检索比它的录取最低分(或投档分)低的院校。不用在意下沉多少分,只关注这些院校对应的层次和排名。一直按录取最低分从高到低的顺序向下检索,一定会发现某一所院校 B,比它的录取分再低的院校中,层次或大学排名都是和 A 大学相比差距比较大的学校了,这个差距超出了我们能接受的心理底线,把这个“B 大学”做上标记,这就叫“同层底线”。

过程中你会发现,比 A 大学录取分数低的学校中,会有好多大学从层次和大学排名上看,反而是超过 A 大学的,还会有不少层次相当的,一直到 B 大学。到这里,你的选择视野已经不再受往年录取分数的局限，而是更多在关注所选大学的实力。

3. 先圈稳妥院校

既然 B 大学已经触底，以此为底线再向上检索直到 A 大学，这次关注的是录取分在 B 大学到 A 大学间的院校招生计划数，在计划数超过 100 名的院校中，还是留意院校层次和大学排名，只要有从层次排名角度看可接受的院校，就先圈选出来。过程中兼顾一些有行业特色的院校，比如财经类、政法类、师范类等，这些大学的综合排名可能会靠后，但从行业特色上看又比较有实力，只要你对它们可能感兴趣，也先圈选出来。

之所以找计划数在 100 名以上的学校，是因为这属于招生计划量相对较大的情况，大概率的历年录取情况会相对稳定，这是选择的初衷，所以过程中觉得计划数够大就可以，不一定严格按 100 名画线。这样圈选出来的院校都是相对稳妥的院校，我们称之为“C 类院校”。可以看到，所谓的“保底”，根本不是只要往年录取分比今年的你低多少分就会稳妥，它必须计划数够大才能确保每年都相对稳定。

4. 触及上限下返

接下来再从 A 大学出发向上检索，就是开始检索去年录取最低分(或投档分)比 A 高的院校，过程中兼顾分数、院校层次及计划数。正常情况下，这些院校中的多数层次和大学排名会比 A 大学高，但你也会发现不少排名不如 A 大学的学校也在其中。最后你一定还能发现某所院校 D，在比它录取最低分更高的院校中，层次及排名都是明显高过 A 大学非常多的了，与我们的距离太远了，这个“D 大学”就是我们在这个年份中圈选院校的上限。

这时，我们就得到了从 D 到 B 的范围，这就是我们可选院校的圈选边界，在它们之间，我们就可以结合院校层次、大学排名以及招生计划的情况，快速圈选出想要进一步考察的院校了。结合自己意愿，最终圈选出的院校数量一般也就在 20 所左右，不会太多。

5. 重复更多年份

在上一年份的圈选完成后，我们可以再按照从“1”到“4”的步骤，在上两年和上三年的数据中分别圈出可选院校。实际圈选时，这 3 年选出的院校中，一定会有大比例的交集，加在一起的院校总数也不会太多，而且 3 年的院校加在一起，就大概率能保证可选院校的“零流失”了。

这就是我们选报志愿的院校“可选范围”。因为有“C 类院校”的存在，你已经能确保自己的志愿会相对稳妥。有了它做保证，你的志愿选报就会有更大主动性。如果“C 类院校”中刚好有你比较心动的，暗自高兴的同时，你还可以在 A 大学到 D 大学之间做更多尝试，给自己更多争取更好大学的机会。反之，你要适当多选几所 A 大学到 B 大学之间，心仪程度超过 C 类院校的高校。

总之，一切都没有绝对的数量或标准限制，只要你稍感心动，就可以纳入比较范围。因为最终的答案要七步比较后才能得到。

要点：最是误导冲稳保，直觉动心最重要

操作这一步要特别注意如下几点：

1. 别受“冲稳保”的误导

很多人把“冲稳保”当成了技巧，这本无可厚非，但一定要弄懂什么叫“冲稳保”。如果你把往年录取分数高的院校定义为“冲一冲”，反之就是“保一保”，甚至给自己一个标准，按照往年录取分，确定该向上冲多少分、向下多少分算保，你就大错特错了。

用于保底的稳妥院校一定是在计划数大的院校中选择，因为你需要相对稳定。而所谓“冲”，一定是去争取个人意愿最强烈的院校，也就是不管往年录到多少分，我们最后是按照个人意愿排志愿顺序，而不是按往年录取分数高低排序。

所以，在根据计划数和录取分圈出了稳妥院校后，从 B 到 D 之间的圈选，只关注自己的意愿和可接受度即可，别自己先去主观判断今年能否被录取，这容易让你失之交臂。

2. 要参照计划数判断录取分数的稳定性

平行志愿投档模式下，过去年份的录取数据有一定可参考性，但以往录取分数并不是学校在今年的预定录取分，究竟会录取到多少分，完全取决于今年报考的考生得了多少分。你能否被录取到某所大学，不在于它以往都录取到了多少分，而在于比你分数高

的考生会有多少人选择这所学校。所以，这所大学的招生计划数非常重要，如果数量相对大，那每年的情况一般会相对稳定，可如果计划数比较少，那么报考考生的情况稍有变化，最后的录取分就会出现比较大的波动。

比如，一所大学计划录取 10 人，即便去年这所学校录取分数很低，今年只要省内有 10 个比你分数高的考生报考，你就没有机会被录取；可如果除了你之外没人填报，这所学校就要通过征集志愿才有可能录满，最后被公布的录取分可能会比你的分数低很多。如果计划数比较大，比如在 100 人以上，即使考生报考情况有变化，录取分的波动也会相对更小。当然，如果只有 1 个计划，往年参考就毫无意义。

所以，圈选院校时一定要同步关注计划数，参照计划判断今年与以往年份相比录取分数的稳定程度。

3. 圈选必须快速凭感觉，别把圈选当终选

对圈选院校这一步来说，第一感觉非常重要，所以操作时一般速度越快越好，快速按顺序浏览院校并关注相关要素，快速根据第一反应决定是否将其纳入范围进行比较。千万别在这个过程中有太多思考，或者停在某一所或几所大学面前纠结是否要选，你不需要现在就有确定答案。要知道，这个环节只是你选报志愿的第一步，大不了多圈选几所院校，也无非是多拿来一个进行比较而已，对你而言没任何损失。一旦你开始理性思考了，你就会不自觉地

开始按自己的逻辑去分析这所大学的好坏了。可这些思考并不可靠，还容易让你在第一步想得过多，越想越乱，没等程序运转起来就直接陷入死循环。

这一步坚持感性圈选，所有的分析判断留到后面，不给大脑启动思考的机会，只凭直觉快速圈定范围。

STEP 2 初筛院校比较

得到了最大范围的“可选院校”，我们就可以放心地在这个范围内聚精会神做比较了。这一步是从“感性”到“理性”的第一个动作，先通过几个“表面的要素”判断一下入围大学，目的是确定若干所优先进行深度考察的院校。

“表面的要素”包括两方面：一是院校的层次隶属、所在城市、大学排名和过去三年录取情况等基本状况；二是对今年具体招生专业的满意度。先对这两方面要素做比较。

第一方面的信息在阳光高考平台、教育部及各省考试院网站、各大学官网及有关大学排名等参考书中都能查到，如果是黑龙江省考生，可以在第一步中使用的“院校筛选关键参照数据一表通”中直接摘录；第二方面各高校的招生专业计划可以查阅各省考试院发布的大本《招生计划》。

我们对院校的考察比较一定要按步骤进行，这一步仅根据两方面“表面的要素”做判断取舍,不用考虑其他因素。要考量的问题很多,不能奢望在一步全都比较完,考虑的点太多容易让自己左右为难。先通过这些维度的比较分出个先后,本身也是对个人满意度的反映,在此基础上可继续进行更多维度的考量。请放心,但凡选报志愿时需要考量的维度,我们最后都会覆盖到。

◎ 操作:汇总数据先填表,决策平衡初体验

这一步先后完成四件事:填入院校基本信息,填写对应院校的专业招生情况,比较院校并排序,确定优先进入下一轮的院校。

结合表 6.2 初筛院校比较(爱之初体验),我们看具体操作:

表 6.2 初筛院校比较(爱之初体验)

序号	院校名称(含代码)	层次隶属	所在城市	感兴趣专业数/专业总数	过去三年录取情况及排名					排序
					年份	院校计划数	最低录取分/位次	超控制线分数	排名(校/武)	
1	代码				上 1 年					
					上 2 年					
					上 3 年					
2	代码				上 1 年					
					上 2 年					
					上 3 年					
…	……									

1. 填入院校基本信息

先将第一步中参照以往每一年情况圈选出的“C 类院校”填入表 6.2，如果是分三年做的圈选，就将三年的院校都填上，之后再依次把其他可选院校录入。

“院校名称（含代码）”“层次隶属”“所在城市”和“过去三年录取情况及排名”这些信息，在圈选时都已涉及，分别写在表 6.2 对应位置即可。三年重复被选出的院校只填入一次就可以，但计划及录取数据分三年补齐，这样可以看到历年变化，有助于后面做判断。

2. 填写对应院校的专业招生情况

拿出所在省份当年的大本《招生计划》，找到表 6.2 中的可选院校，把每所院校的“计划总数”“专业总数”及“感兴趣专业数”填入。“专业总数”是指一共有多少个专业招生，“感兴趣专业数”是指想去了解的专业，不管你是否了解、是否真感兴趣，甚至不管之前是否听说过，只要它让你心里一动，想去了解这个专业到底怎么样，这就算“感兴趣专业”。

快速浏览院校招生计划，将这两个数填入表中对应位置。

3. 比较院校并排序

在上述信息完整填好的基础上，根据表 6.2 中信息对院校做比较。这一步的比较单凭这张表上的信息排序，不需要考虑院校特色、未来就业、专业匹配等情况，那都是后面几步的事情。

这时你一定会有已经确定不想考虑的院校，也会有之前比较向往，但发现感兴趣的专业太少的院校，现在已经倾向于放弃。尽管其他院校都还需要进一步了解，但单凭表 6.2 中信息，按照想优先考察的意愿排出先后顺序不成问题。

4. 确定优先进入下一轮的院校

如果我们约定，你只能确定 15 所院校，优先进到下一轮做深度考量，这优先考量的 15 所，你自己一定会有答案。而且，就算有别人说可以帮你确定，你都不会同意。

其他学校还是留在了表 6.2 上，只是暂时不做深度考量而已，所以你没什么可担心或纠结的。只是要注意，不管你选择多少所优先进入下一轮，C 类院校一定要同步跟随晋级，一所都别落下。

要点：做比较就事论事，不纠结分层聚焦

操作这一步要特别注意如下几点：

1. 核准院校代码

院校代码一定要同步填入。同一高校在同一省份可能会有多个院校代码，每个代码对应的招生计划和规则会有不同，也存在同样计划在不同年份变更代码的情况，所以一定认真核准。

2. 想了解就是感兴趣

对专业的考察后续第四步会专门进行，这一步填写感兴趣的专业，千万别较真，所有你想去了解的全都算。

3. 排序无须患得患失

只考虑这一步的评价维度，不要做扩展，离确定选报哪所院校还有距离，只聚焦当下步骤关注的点，就事论事就好。

4. C 类院校直接晋级

选出的院校只是想优先进行深度考察，别太纠结，暂时不进入下一轮的院校还在你的表单上，你没丢掉谁。但一定记着，相对稳妥的 C 类院校要全程带着，不到最后绝不撒手。

STEP 3 院校深度评价

关于大学，从不同角度评价就会得到不同结论，如何快速有效做判断呢？其实，在志愿选报时，考生只需要重点考察四方面：特色定位，育人实力，毕业生就业状况，学生长远发展。

以往你都愿意听别人的评价，这一步，有了第三章的基础，完全可以自己找到相关信息，汇总到一起做出判断。

这些信息在学校官网的院校概况中都能找到，如果有些信息你想深入了解，可以直接拨打院校的咨询电话或对应职能部门电话。切记，你只能相信官方渠道查询确认的信息。针对这几方面情况，我们还专门汇编了《考量大学必察维度院校概况选摘一本通》，将 494 所院校的相关情况从官网概况中做了摘录，同时编入了各学校拥有的重点学科和国家学科评估结果中的上榜学科。

◎ 操作：目标院校深考量，两主两辅再判断

这一步就是将对应的信息找到并摘要填入，之后放在一起做比较。这四方面分别是：特色定位，育人实力，就业状况，长期发展。其中，特色定位和就业状况是必备的“主要考察项”，育人实力和长期发展是可视情况需要自选的“辅助考察项”。

结合表6.3所示的院校深度评价（爱之再判断），我们看具体操作：

表6.3　院校深度评价（爱之再判断）

序号	院校名称	院校代码	特色定位（必备）		就业状况（必备）		育人实力（自选）		长期发展（自选）	
			服务面向	沿革积淀	质量报告	招聘日历	代表师资	平台支撑	校友分布	知名校友
1										
2										
3										
4										
…										

1. 填入优先院校

将第二步确定的优先进行深度评价的院校及其代码填入，还是将C类院校排在最前面，之后按个人意愿先后排序列出。

2. 摘取主要信息

先依次查阅这些院校的两个主要考察项信息：特色定位和就业状况。在第三章我们讲过，特色定位可以通过查阅官网的“学校概况”了解，就业状况可以通过“年度就业质量报告”和“招聘日历”做分析。这两方面信息一定要查询到位，然后将其中让自己眼前一亮、心里一动的部分摘要填在表中，供比较使用。

3. 扩展辅助信息

之后根据主要考察项的比较结果，看是否有必要将考察进一步深入拓展。育人实力虽然比较重要，但之所以将其定义为辅助方面，是因为它和专业息息相关，一所大学的师资落在你学习的专业上才会让你更直接受益，所以放在第四步专业考量中去了解更好。至于长期发展，是校友的发展情况，做个参考就够了。

4. 综合比较排序

将“两主两辅”的相关信息查询完，我们对这些优先考察的目标院校就有了较深入的认识。根据这些信息，你一定能够结合个人意愿做出排序，从而得到这些院校在你心中的选择优先级。还存在一种可能，经过考量的院校，有我们特别不满意的，那就直接PASS 掉，放进待选阵营，再从上一步中没有晋级的院校中依次递补进行考量比较。全程动态调整，直到得到自己所需数量的院校。

要点：功课要自己来做，摘录后自有结果

操作这一步要特别注意如下几点：

1. 要自己做功课

这个环节切不可道听途说，自己亲自动手查询、动笔填表才是王道，否则很难得到答案。查询并分析摘要的过程本身对选准志愿更有意义。

2. 走近才有感觉

这是你和大学近距离接触的过程，不亲身走近不会有感觉。如同相亲，听再多人介绍或分析，都不如自己去近距离相处，要一个一个地接近，按自己的感觉排序。

3. 比较就有结果

单独看一所学校的简介和就业质量报告，你可能会觉得读不太懂，甚至不知所云。但请相信，当你把每一所院校的情况都摘要汇总、相关信息放在一起比较之后，你会发现自己能排序了。

4. 可以部分参考

不是所有学校的相关信息全部完整找到才能做出判断，有些实在不好查找的，暂时放下也没关系。也可以提取出具体问题，后续第七步通过官方咨询渠道去确认。

STEP 4 专业考量匹配

在志愿选择过程中，最大的难点其实是专业匹配，详细情况我们在第三章中已经讲过。这一步要对每所意向大学的招生专业逐个考察，重点在专业的认证评价、培养目标、课程设置及深造途径等四个方面。

为了更加高效地让考生了解到这些情况，我们专门汇编了《专业匹配度考量关键要素对标必备参考》（以下简称《必备参考》），具体设计及包含内容在第三章都已经介绍过。同时再结合各大学官网、招生网站及院系网站，就可以得到比较权威、具体、准确的信息。对专业的考察切忌浮于表面、道听途说。

操作：表内信息依次填，内心声音听得见

这一步最难的不是信息查找并填表的工作量大，而是你不能静下心来踏踏实实地去操作。相信我：通过填这张表得到答案，是听见内心声音的唯一方式，是性价比最高的决策路径！

结合表 6.4 所示的专业考量匹配（门当户对），我们看具体操作：

表 6.4　专业考量匹配（门当户对）

排序：________　　　　　　　　　　　　________大学

序号	专业名称	所在大类	认证评价	培养目标	课程设置	深造途径	设立时间
1							
2							
…							

1. 每所大学一张表

立足上一步最终锁定的意向院校,每所大学都单独成表,每张表的右上角填上大学名称,然后打开手中的《招生计划》大本,找到对应院校,并按自己想考察的先后顺序将专业填好。

2. 对照《专业匹配度考量关键要素对标必备参考》填写信息

关于专业的"所在大类""培养目标""课程设置""认证评价"及"深造途径"这些内容,在网上可以逐一做信息查询,多数应该都能找得到。如果有我们汇编的《必备参考》就最好了,这些信息都可以直接查到,依据《必备参考》填表即可。

3. 深入院校精准考察

当上一个操作中对应的信息填好后,你对专业就有了初步的认识,对很多专业甚至会非常有感觉了。这时我们有必要打开学校的官方网站,进入到学校的对应院系查找更多信息。有必要补充的信息是:培养目标、课程设置、骨干教师的研究方向、专业设立时间、认证评价、深造途径和专业获得的头衔等。具体的查询路径及用途我们在第三章中都已经讲过。

4. 在院校单独表单内排序

信息填完后,纵观表 6.4,可以根据内心想法对专业排序。

这个排序只根据个人意愿,不要考虑专业往年录取分。有人会担心上不去怎么办,有两点要注意:一是专业比较排序的结果,反映的是你自己的意愿,你想学的未必报考热度就高,往年录取分数高的，你也不见得最想学。二是每年录取情况都会有波动，计划数越少波动可能性越大，一所大学的招生计划本就不多，具体到专业就更少了，所以不能凭主观去判断能不能上得去。这步只是按照意愿排序，最后具体怎么排，下一步会专门教给你。

要点：聚焦专业匹配度，科学考量亲手做

操作这一步要特别注意如下几点：

1. 可以作为考察专业匹配度的通用教程

这一步的考察，即便不放在"七步法"进程中，也可以作为你想了解任何专业是否与自己匹配的通用教程。

2. 要将《必备参考》为我所用

《必备参考》的含金量非常高，要充分挖掘为我所用。

3. 注意排序原则

专业考察后的排序按照对专业匹配度的认可程度确定先后，与录取分无关，志愿排序是后面的事情。

4. 操作速度会随考察的推进呈指数级提高

考察专业必须结合所在大学的情况，但不要有为难情绪，担心每所大学的专业逐一考察量太大，你关注的专业重复度会很高，大概率的，当你考察完两三所大学后，操作速度会指数级提高。

5. 听到内心声音的诀窍

这一步要想操作成功，唯一的诀窍是必须考生亲手做功课，亲

自做比较，否则无法听到内心的声音，也就实现不了在“比较”的过程中“澄清”自身的目标。你只需要逐项查询汇总，就一定能同时看到自己的方向。自己做一次关乎人生抉择的功课十分有必要，从收获的结果来看更是非常值得！

STEP 5 志愿排兵布阵

之前的四步：我们先是圈定了目标院校的最大范围，这最大程度保证了不会与值得你考虑的心仪大学失之交臂；然后分别对范围内的院校和专业做比较，与它们的“亲密接触”让我们有了直观感觉。现在你应该能体会到，不管你能不能说出自己喜欢什么，只要近距离接触过，就会知道自己喜不喜欢。“比较”的过程就是在不断“澄清”。

无论对院校还是其中的专业，更向往哪一个组合我们已经找到了，但目前的排序还只是个人“一厢情愿”，落到现实的招生录取中，我们用什么样的组合排序才能更好地应对规则，得到相对最好的结果，就是这一步要解决的问题。

这一步要依据三项规则的约定：一是高校的《招生章程》，里面会约定考生排序方式和专业分配原则，是最重要的依据，务必查阅；二是大类招生的二次分配办法，好多学校按照大类招生，最后怎么分流要提前考察清楚；三是入学以后的转专业规定，会影响你在志愿填报时的决策。

操作:全程关注三规则,我命由我不由天

“排兵布阵”如同“田忌赛马”,这一步的步骤是:先汇总;再排序;再调整。

结合表 6.5 所示的志愿排兵布阵(田忌赛马),我们看具体操作:

表 6.5　志愿排兵布阵(田忌赛马)

<table>
<tr><th rowspan="2">拟报专业排序</th><th rowspan="2">专业名称</th><th rowspan="2">今年招生计划</th><th colspan="9">往年参考</th></tr>
<tr><th colspan="3">上 1 年超学校录取分/位次/计划</th><th colspan="3">上 2 年超学校录取分/位次/计划</th><th colspan="3">上 3 年超学校录取分/位次/计划</th></tr>
<tr><td>1</td><td></td><td></td><td></td><td></td><td></td><td></td><td></td><td></td><td></td><td></td><td></td></tr>
<tr><td>2</td><td></td><td></td><td></td><td></td><td></td><td></td><td></td><td></td><td></td><td></td><td></td></tr>
<tr><td>…</td><td></td><td></td><td></td><td></td><td></td><td></td><td></td><td></td><td></td><td></td><td></td></tr>
<tr><td colspan="12">专业录取原则:</td></tr>
<tr><td colspan="12">转专业规定:</td></tr>
<tr><td colspan="12">二次分配流程:</td></tr>
</table>

1. 汇总专业调整院校

第四步得到了每所院校的“心仪专业”顺序,我们先按这个顺

序把它们填在表6.5中，把专业的招生计划数也填到表中，仍然是每所大学一张表。

之后根据手中关于专业录取情况的参考数据（建议最好到对应学校招生官网上去查询），把表6.5中其他需要填入的数据逐项填好。这样，你可以参照往年录取情况，看到每个专业录取可能性的大小，当然，这仅仅是一个参考而已。

结合各专业的招生计划数，此时你可能会发现，有些院校的专业选择空间极小。比如，你就是因为某一个专业而把这所学校排在前面的，但这个专业只招一两个人，而你到这个专业的可能性几乎为零。所以，我们以院校为单位汇总专业后，会有一次心仪院校顺序的调整。

2. 稳妥应对按意愿排序

专业和院校都是按这个原则操作，先确定下来相对稳妥的志愿，再以此为基础，向上按意愿排序。核心就是一个原则，一定先确定最有把握被录取的，哪怕与个人意愿的匹配度相对低一些，这样能确保稳妥，如果不是特别满意，排在后面就可以了，它只在前面的志愿得不到满足时才发挥作用，如果前面的志愿被录取了，这个志愿也用不上。确定了稳妥的志愿之后，再按个人意愿，把最想去的院校和专业排在前面，按满意度依次排序。

3. 结合专业匹配度调整院校

排序之后，如果对某些院校十分不满意，可以从之前第一步到第三步中原本暂时搁置的院校中再选择、再比较、再补充调整，但此时你再走这个流程，会非常迅速高效。

到这里，我们已经基本完成了对志愿的考量，所在科类批次对应的院校和专业志愿算是初步确定了。

要点：走楼梯自下而上，有底线才有高远

院校和专业的排序是有诀窍的，以下几点算是排序要诀，务必掌握并吃透：

1. 志愿只按意愿排序

志愿排序应该是个人意愿的顺序，不是预估录取分数高低的排序。有人参照往年情况，把认为录取分数可能会高的学校排在前面，把预计录取分数可能会低的排在后面，把认为可能录取分会最低的排在最后叫作保底。想想看，要是这样填报根本不是志愿顺序，是你自己分析的可能性大小的排序。

平行志愿的规则没吃透，就会在这个陷阱中转不出来。平行志愿的逻辑，是到了你有资格选学校或专业了，就按照个人意愿照直说，你先说的想法能行，自然就给你了，如果你说的第一个想法不行，自然就问你第二个想要什么了，如果有可能就可以给你，不行再看第三个，以此类推，就这么简单。

应对规则只有两件事：一是确保不落榜，二是完全按意愿表达。但是，确保不落榜的志愿不见得就是最后的意愿。

2. 保底院校要参与排序

我们常见两个误区：一是往年录取分数够低就能保底；二是往年录取分数低的院校价值就低。因此，保底院校就成了放在所有志愿最后面的垫底院校了。

正确认识是什么？一是要想稳妥，仅凭往年录取分数低还不够，院校的招生计划数多是前提，这样它才能相对稳定；二是这样的 C 类院校，经过全程的比较，不见得价值最低，只要最后选报的志愿中有它就大概率会稳妥，但排序时它未必放在最后。

有两种处理方式：一是按意愿排序，C 类院校排在第几就是第几；二是认为自己对 C 类院校有十分把握，还是把它放在最后，然后把排在它前面的院校全部换成比它更心仪的。

这样你选择的视野会更广，最后没被录取的，都是因为分数不够，而最终被录取的，一定是你能选到的相对最好！

3. 志愿要降维倒序填报

如果你的分数在一批次，那么要先定二批次的志愿。因为二批次里你几乎可以选什么就会有什么，先确保得到一个相对最好，之后你再看一批次的心态就会不一样。

如果你在提前批犹豫不决，那就先把一批次搞定。当一批次经过比较能够排出顺序后，你会觉得去哪所学校都满意，这时再选择提前批，你就不会患得患失了，而大概率会直接选自己最想去的院校。之前一位文科考生，报志愿时纠结于提前批，我带她按照七步法先把一批次选完后，提前批她直接报了最想去的中国政法，只招两个人，她刚好第2名，这就叫"一分也不浪费"。

这就是志愿排序的最佳逻辑，踩着楼梯一级一级往上走，你会心里踏实，但你从上往下选，就会每一步都担心。最不好的情况都已经心里有数了，在这个基础上去找更好的就会更加从容，就会不受任何干扰，直接吐露自己的心声。

4. 专业的选择排序也要底线思维

对于传统高考和按照"院校+专业组"投档录取的省份，专业的选择与排序也要底线思维。

第一，必须填写服从调剂。这不是什么技巧，只是对规则的应对。为什么呢？平行志愿投档时，是同一批次的所有人都在同一时间被投档到对应院校，之后各校同一时间各自录取分专业。分专业的原则也是谁的分数高就先满足谁的志愿，如果你所填报的专业都被比你分数高的考生占满了，你不服从调剂，高校就不敢把你分配到别的专业，只能把你的档案退回省考试院。而这时，这个批次的院校都已经录取完了，你只能等这个批次征集志愿或下一批次投档时，才有机会再从考试院被投到某所大学。

第二，尽量避免被专业调剂。不管你得多少分，你永远不知道比你分数高的人会怎么填报志愿，所以你永远确定不了一定能被分配到自己报考的专业。所以，在填写专业志愿时，一是要把所有志愿都按意愿填满，不能留空；二是最后一两个专业志愿一定要放最稳妥的，哪怕没那么理想，也比等着到时候调剂给你随机分配要好。命运还是要掌握在自己手中的，挑个稳妥的写上要比听天由命强百倍。

第三，格外小心完全不能接受的专业。一定会有学校拟招生的专业中，有你完全接受不了的：可能是你的体检受限，可能是你特别不擅长，也可能是其他原因。因为你已经在之前四步中深度考察过了，一旦有学校有这样的专业，你就要算一笔账，就是能否确定一定可以回避掉这个专业，如果不能，要重新考虑这个院校在不在考虑范围之内。

条条大路通罗马，千万别做没有必要的义无反顾，“撞大运”是不行的。

5. 眼前的纠结可以通过未来解决

总有人最后还是会纠结是否服从调剂，建议你可以了解一下对应院校入学后的转专业规则。现在的大学对专业的选择都是很人性化的，一般都会入学之后一年左右给你申请转专业的机会，不过，是所有人都有机会，还是必须具备哪些条件，比如学习成绩要排进所在专业的前 15%、20% 等，各学校都有具体规定。当你正在纠结所报院校的专业能不能得到保证的时候，了解这些可能会让你看到更多的路。

当然还有保送研究生的规定，理论上一旦你在某所大学具备了保研资格，你是有机会被免试推荐到任何一所大学读研究生的。

举个极端的例子，到一所实力相对弱些，但你会具备保研优势的大学，也未尝不是一个选择，只要获得资格，你的研究生就可能被保送到一所你现在的高考成绩完全够不上的高校，算不算曲线救国呢？当然，这只是举个理论上存在可能的例子，核心是要知道，未来总有更多可能。

STEP 6 梦想评估对标

这一步属于锦上添花。

已有基础：回看相对最好

经过前五步从筛选、到考量、再到按意愿排序的操作，走到这一步时，你已经可以相对很轻松了。回看得到这个初步方案的过程：

在圈选院校“可选范围”时，我们打破了往年录取分数对你的局限，让你可以紧盯院校的价值做选择，让高考成绩实现了价值最大化；

在接下来逐步深入的考量中，我们戴上了科学品识大学和专业的“透视眼镜”，与大学和专业亲密接触，在“比较”中不断“澄清”自己的目标，听从内心的声音排出了意愿顺序；

而最后的志愿排序又是“心仪顺序”，在有稳妥院校保底的基础上，每一个排得更靠前的志愿都是你更想要的，即便最后没去上，也一定是因为分数不够没有遗憾，最终不管被录取到哪个院校专业组合，都是立足你的分数能得到的相对最好结果。

这就是“可选范围内的相对最好”！

放眼更好：突破可选范围

可这还可能不够完美。

每位考生都有自己梦想中的大学，也一定有向往的职业和行业，因为它不在我们的“可选范围”内，所以始终没把它作为考量比较的目标。这难免让你偶尔再想起时，仍会有些许憧憬和感叹。加上高考的录取无常，时不时就出现个“黑天鹅”事件，要是你梦想中的大学刚好成了“黑天鹅”，会不会很遗憾？

怎么办？把这所大学拿过来，和当下选出的志愿组合再做一次比较，看看到底区别在哪儿，你更适合选的是什么。

有人说别费那劲儿了，分数差好多的。没错，但你想过没有，所谓分数差好多都是以往的情况，明天会怎样谁都不确定。而且你现在不考虑的原因只是觉得分数可能不够，这仍然是被动地放弃，可如果真拿过来比较，你没准儿会发现，这所大学还不如现在选出的院校更适合呢，或者在具体的专业和未来发展上，也没比现在的选择好太多，这时就可以主动放弃了。如果还是觉得心动不已，难以割舍，那就看能不能再匀出个地方，把这个“心动女生”作为一个志愿也报上，万一今年没有别人报呢？

你看，是不是和《非诚勿扰》的相亲节目一样，到最后时刻，男嘉宾经过了解比较可能会放弃最初选的“心动女生”，主动地放弃也就没什么遗憾了。也有可能继续坚持会被“心动女生”拒绝，但我们的高考志愿会比节目中的情况好得多，即使梦想高校不成，后面还跟着那么多心仪的选择呢。

所以，有必要与梦想院校比较一番。

实现路径：对标“心动女生”

这一步是自选动作，可以结合表 6.6 所示的梦想评估对标（心动决选）操作：

表 6.6　梦想评估对标（心动决选）

序号	院校	专业 1	专业 2	专业 3	专业 4	专业 5	专业……	调剂
1								
2								
3								
…								
梦想 1								
梦想 2								

1. 先将之前选出的志愿组合填在表 6.6 中，然后把梦想中的院校名称写上，有几个写几个，一般也就一两所。梦想院校的专业先不用填。

2. 对这一两所梦想院校进行第三步和第四步的操作。这两步对现在的你来讲，早已经轻车熟路了，只是动动手指的事情。而表

6.6 中的其他志愿你都已经考察过了，可以直接做比较。

3. 比较之后你有三种可能：一是梦想组合不如已经选出的组合，你彻底没有了遗憾；二是梦想组合和已选组合有差别但不大，你仍然会更加高兴；三是确实差距很大，而且你仍然心动不已，这时你要根据表 6.6 上的全部志愿情况综合考量，看要不要给梦想组合串出个地方。

这样，你的志愿应该有可能更完美。

STEP 7 得到志愿表单

这是我们的最后一步，关键词是“确认”。

确认 1：问题清单

在上述六步过程中，我们不断缩小院校专业范围，聚焦心仪的志愿，一定会遇到一些需要特别去确认的问题。

这些问题有些是个性的：可能有些与你和所在家庭特有的情况、资源或考虑有关系；有些在学校公布的资料信息中很难找到；有些是已知信息的表述比较模糊，满足不了你的需求；有些是你特别关注的方面，需要得到确切的答复；有些是你仍心存疑虑……

不要紧，我们把这些问题整理到一起，用表 6.7 所示的问题收纳清单（排查确认）记录汇总，这就是我们进一步去咨询确认的提纲。

表 6.7　问题收纳清单（排查确认）

待确认问题	拟排查路径	结果确认

当表 6.7 上的问题都有了确认的结果后，你的志愿不仅没有遗憾，还会极为稳妥扎实，这样也会让你在选大学时步步为营！

从某种意义上讲，这也是你在用“七步法”的过程中最大的收获。之前的你，面向选志愿这件事完全是门外汉，所以问不出任何具体问题，但是现在的你已经有具体而现实的问题了，而且你很清楚，只要这些问题被确认，你就能自己选出心仪的大学和志愿，也就做到了“我的志愿我做主”。

确认 2：查缺补漏

为了万无一失，下面几点再做一次确认：

1. 准备填报的志愿中，是不是每个院校和专业都“选之有因”？

2. 第二步和第三步被筛掉的院校中，还有没有值得再考察的？

3. 第一步圈选出的院校之外，还有没有值得考虑的大学？

4. 把考试院公布的《招生计划》大本再看一遍，你可以对应选择的科类批次中还有什么大学今年有招生计划，但在圈选过程中没有发现？

这些工作做完，我们就可以得到表6.8所示的终选志愿表单（爱之终选）了，这就是我们选定的对应科类批次的高考志愿。

表6.8　终选志愿表单（爱之终选）

________批次录取院校志愿（平行志愿）															
志愿顺序	院校代码	院校名称	专业代码	专业名称	专业代码	专业名称	专业代码	专业名称	专业代码	专业名称	专业代码	专业名称	专业代码	专业名称	专业是否服从调剂
A															
B															
…															

确认3：批次外的机会

如果说高考无常，那么高考的招生录取更无常，你永远无法预测比你分数高的人怎么想，他们需要什么、会填报什么，也永远无法在拿到录取通知之前就得到100%的答复，万事皆有可能。

在志愿选报的过程中，千万不要凭主观分析放弃任何机会，所有志愿表上你有资格填的，都不要空下，除非是你在任何情况下都绝对不会选的志愿。

批次是招生录取的操作次序，如果在上一个批次被录取，下一个批次的志愿自然无效，志愿只是在上一个批次没被录取的情况下有效。所以，当你确定了所在批次志愿后，别忘了看一下其他相关批次:如果往前一个批次内有特别中意的,而且心仪程度超过所在批次的院校计划,别犹豫,直接填报;但如果没有,千万别多此一举,一旦被录取了你在现在的批次就没机会了。

还有就是往后一个批次,如果可能,尽量挑出相对最好的志愿正常填报,一旦本批次有闪失,后面还可以有机会。即便不想考虑,机会到手再放弃也不迟,别在志愿填报阶段就轻言放弃。

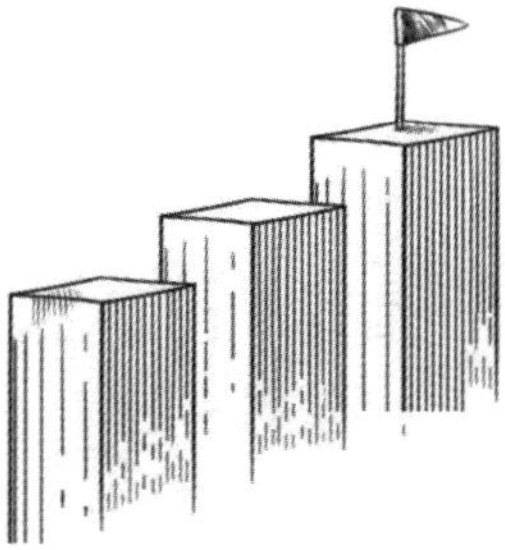

第七章

3+X 选科也能自己做主

3+X 选科是应对新高考必过的一关，它与高考志愿的选择有关，也与高中期间的学习相关联。新高考是从大学一侧的招生要求及录取方式的改变开始的，面对大学的选拔，如果选拔的规则都变了，我们还在用老套路去操作，再多的努力都可能是无效的。要想脱颖而出，总要先认清规则变化的逻辑，看到与以往的不同，再以科学有效的方法去搞定它。

新高考为什么要设置3+X选科？是为了促进高中和大学学段间的有效衔接。简单说就是想让录取到大学各专业的学生，都具备学习这个专业所需的高中学科基础，让学生在高中期间的学习积累，也都能符合进入大学后专业学习的需要。

由此可以看到，完成3+X选科，做好三点就够了：一是关联到自己想去的大学和专业，二是让自己在选报志愿和录取时有优势，三是找到自己相对最有学习潜力的高中学科。

很多人也在朝着这个方向努力，但因为是在用旧思维来读新高考，所以纷纷进“坑”：首先是计算不同选科组合覆盖的可选专业数，根据所谓的可选范围大小选科；其次是认为只要学习好，选哪科都一样；还有就是分析学科学习潜力要么不考虑未来自己对专业的需求，要么不对标高考大纲做精算式分析。

这几个“坑”都很致命，想要避开它们，就要学会用大中小一体化的宏观视角考虑问题，明确自己的目标，还要有科学的方法。

本章将教会你非常好用的“结构流程法”。接下来我们从看清3+X选科的逻辑开始。

读懂大学的选科要求

3+X选科确定的是高考的选考科目，而高考是为了上大学，如何让选科关联到自己想去的大学呢？

多数人都知道要看大学对各专业提出的选科要求，但在理解时却犯了错误，还在用传统文理分科的思考方式去解读并应对，这种做法无形中已经偏离了新规则所在的轨道。

对考生来讲，高考是要面对大学的选拔，最终满足大学对生源的要求，备战高考的你虽然身在高中，但却应该站在大学需要什么样的学生的角度考虑问题，跟上规则制定者的思路，你才有可能获得规则的红利。大学如同你的客户，如果客户调整了需求参数（选科要求）和采购原则（录取规则），你却仍在按照应对传统高考选拔模式的老套路加倍努力，显然是不行的。要先把客户的需求逻辑弄清楚。

大学想录取什么样的人

大学都想招到相对更优秀的人来培养。何为优秀？

人品有保障的前提下无非两点最重要：学习基础好，学习能力强。可怎么判断呢？只能是看他以往的“业绩”，用高考的成绩来预判他的未来可塑性。所以，在这个框架内，高考分数相对高就等于相对更优秀。但是，不同的专业可能对具体的“学习基础”和“学习能力”有不同需求，这样一来，又要求大学要分类评价、分类选拔。

前面讲过，长期以来传统的高考把学生分成文科、理科两部分，大学对每部分学生又都会设置多种招生类别，考生在自己所在的科类内与别人做比较就可以，谁在其中的高考成绩高，谁的排位就靠前，谁就更有资格优先选院校，大学也会优先录取谁。

但是，长期的实践中我们发现，只按照文理分科已经不能满足专业人才培养的需求。有的专业对必备“学习基础”的要求比较明确，需要与高中某一门或几门学科有更加精准的衔接；有的专业则更需要学生有较高的综合素养，对是否必须具备哪些学科基础没有太多限定，只要“学习能力”够强就可以招来培养。

所以，分类评价、分类选拔需要更加精准细致，于是在原来分文科、理科招生的基础上，有了新高考的3+X 选科。

为了保证各专业录取到的学生都具备并尽量更好地具备对应的“学习基础”，大学会先公布各专业的选科要求，告诉考生，有了要求中的学科基础，你才能报考这个专业，这些学科学得相对好，就认为你在这个专业的学习上会更加优秀，到时候就会优先录取你。

高考时，除语文、数学和外语 3 门必选科目外，另有 3 门学科由考生自行选择，这 3 门叫作考生的选科组合。大学的选科要求可能是1门、2门，最多3门。对大学来说，考生具备要求中必须具备的基础就可以，其他学科可以自己搭配。比如某专业的选科要求是政治，那你的选科组合中只要有政治就行，其他2门可以自行搭配。还会有专业没有特别提出选科要求，那就是不论你用高中期间的哪几门学科做组合，都有资格报考这个专业，只要你的“学习能力”够强、相对别人成绩更好，就会被优先录取。

总之，大学想录取的学生，就是学习基础更好、学习能力更强的。新高考约定了各专业必须具备的学习基础，在这个底线要求得到保障的前提下，又给了学生更大的自主选择空间。你可以根据自己的兴趣和擅长所在，自定选科组合去展示自己的“优秀”，只要比别人更优秀，就是大学想要录取的人。

这里要格外注意，大学的初衷不是增加对考生的限制，而是要拓宽路径选拔到更多优秀的人，大学的选科要求只是为了满足专业培养的底线需求。对大学来讲，教育部的“选科指引”是提出选科要求的依据，在“选科指引”中提到要求的基础上，除非本校的专业方向对学生有特殊需求，大学一般不会更多增加条件，都是为了给学生更灵活的选科空间。

选科与文理分科的根本不同

虽然3+X选科与文理分科都是分类评价、分类选拔，但绝不能类比文理分科去解决新高考选科的问题，二者之间存在着巨大差异。我们借助“通道”的概念来帮助理解。

先来看传统高考的分科排名逻辑。

如图 7.1 传统高考文理分科通道示意图所示,传统高考分文科和理科,可以看作是设置了两个选科通道,分别叫作文科通道和理科通道。

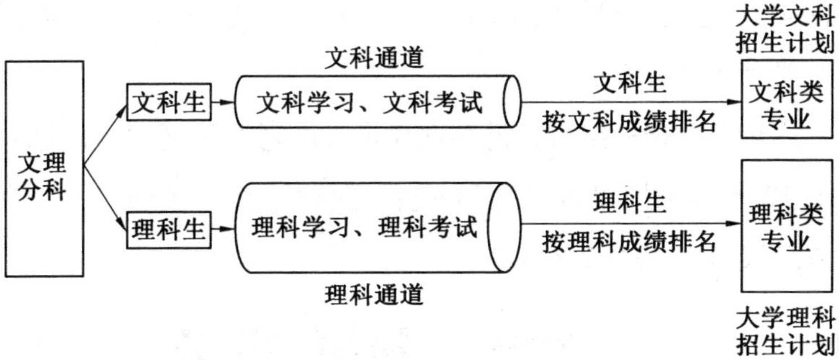

图 7.1　传统高考文理分科通道示意图

每个通道内设定的学科、给定高考成绩的标准、考生间的比较排序以及高校分给考生的招生计划,一切都是分别设置的。两个通道间没有交叉,考生一旦选择其中一个通道,直到进入大学专业学习之前,与另一个通道内的考生几乎没有任何交集,相互之间可以不做任何比较。

所以你看,分别进入两个通道后,考生可选大学的范围是不同的;而通道内的竞赛对手是固定的,取得成绩和排名后,两个通道内的考生各自填报志愿,分别按通道内计划录取,最后你在通道内选择大学的优先级也是确定的。

再看 3+X 选科后的高考录取排序逻辑。

按照“3+1+2”的模式:“3”是必选科目,是所有人都必须要学的语数外;“1”是首选科目,考生先在物理和历史两科中做选择;“2”是再选科目,考生在化学、生物、政治、地理(个别省是5科)中任选2科。这6科的总成绩就是高考成绩。首选科目会将考生分成两类,加上再选科目的不同,一共会有12种选科组合,物理类和历史类考生各有6种。

考生确定选科组合就是在选择进入高考的不同通道,通道一共有12条,如图7.2所示,我们把物理类考生的6条通道编号为1到6,历史类编号为7到12。

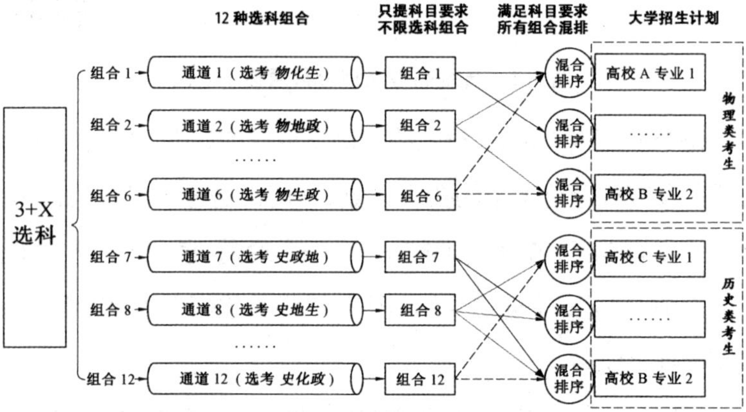

图 7.2　新高考 3+X 选科通道示意图

表面上看,通道1到12的性质与之前的文科和理科通道一样,只是多了10条通道而已,但结合高考志愿和录取规则的设置再看,就会发现二者完全不同。

一方面，虽然通道有12条，但通道没有自己的专属招生计划，考生从选定的通道出来后，要与其他通道的考生混在一起选择大学。如果不同通道的学生看好了同一个院校专业，只要都能满足大学提出的选科要求，就要混在一起按成绩高低排班站队，由大学按招生计划从高到低录满为止。大学的招生名额不会像文理分科那样给某个通道专门预留，除非有极个别的专业指定了3门选科要求，否则都会出现你想去的院校专业，并非只有唯一通道可以到达。所以，即便面对同样的高考目标，还要再权衡选择哪个通道最可能获得录取优势。

另一方面，权衡能否获得成绩上优势的逻辑也发生了变化。文理分科时我们一是在看成绩的绝对值，就是自己卷面能得多少分；二是分数高低决定了在通道内的排序，这个排序就是大学录取时的优先级。现在不是了：首先我们看的是选科组合中再选科目的相对值，你能够比多少人成绩高才最重要，哪个组合能够获得的“相对值”总和最高，大学录取时你的排名就会靠前；其次是你的总成绩不是和所在通道内的考生比较，而是和所有通道内有资格与你选择同一院校专业的考生比较。所以，你不能只顾自己埋头努力，更要先看清在哪个通道去努力会有最高性价比。

此外，12条通道分成两大类，招生计划也在按两类给定，是否可以把物理类和历史类分别对标原来的理科和文科呢？

不行！因为文理分科时，想报考文科或理科专业，就必须学对应的科目组合，反之想学某个科目组合，也一定对应着固定的可报考专业，从分科或报考录取哪个角度入手考虑问题，对结果都影响不大。双向是可以互推的。

新高考可不是：大学的专业选科要求，指定的只是科目，并不是学科组合，含有这个科目的学科组合有多个，而且这一科不一定是物理或历史。反之，考生最终分成历史类和物理类录取，那是因为考生选了历史或物理这一科，能报考什么专业要看选科组合，并不是大学专业被分成了物理类或历史类，你成了这类的学生就对应了可报考的专业。你看，双向的逻辑和文理分科都不一样。

尤其从录取看，面对没对物理或历史提出选科要求的专业，你要从哪个大类胜出、从哪个大类会更有利于你能胜出，需要好好算账后再确定。不像文理分科，定了专业就相当于定了赛道，自己没得选。如果规则允许你面向同一终点可以自选赛道，你不去选，只是简单化地按老规则做对应，可能会损失很大。

看清能让自己脱颖而出的通道

大学想选到更多优秀的人，选科为大学的人才选拔拓展了更多通道，选择什么样的通道能让你脱颖而出呢？

必胜的通道需要满足两个标准：

第一，选择的通道能够给你资格去竞争心仪大学。

好多考生因为相信“不管选啥都要学习好”的逻辑，就误以为“只要学习好就可以不管选啥”也成立。这对 3+X 选科来说是非常可怕的，某新高考省份不是曾经出现全省总分第一名的考生无法选择清北的事例吗？所谓的必胜通道，首要保证的一条，就是它能通往的地方有你想要的结果，否则，怎么跑都是输。

但是，有些人会认为，既然要保证最后有大学可选，那就重点关注可选院校专业数量多的通道。这个想法容易踩“坑”，为什么呢？其中可能有如下认识不够清楚的地方：

一是你的心仪大学未必在可选院校专业多的通道范围内。二是要去心仪大学，不能通过选可选数量多的通道去覆盖，而是要靠找到你擅长的通道。三是某一通道的可选院校专业多，多出的选项都是对高中的学科基础有特别要求的，如果这些专业你并不感兴趣，甚至不擅长学，这些机会对你来讲其实没有太大价值。如果因此影响了你的判断，耽误了你选到相对容易取得好成绩的通道，这样的选择反而会让你离心仪大学越来越远。

第二，这个通道会让你获得更好的成绩。

能够通往心仪大学和专业的通道不止一条，我们要选择相对最容易胜出的。这个胜出是要确保自己的成绩可以在所有通道的相关对手中脱颖而出。

相关对手是谁？是最终有资格与你竞争同一个院校专业的人，来自哪个通道都有可能。他们只在竞争相同目标院校专业时存在，目标院校专业发生变化时，相关对手也会发生变化。

好多人认为只要学习好，选什么都一样，这是认识上的又一个误区，我们必须看到：高考录取时的相关对手，可以来自不同通道，如果我们只顾低头努力，不去考察在哪个通道会取得更好的成绩，就可能出现一名考生，学习基础和条件能力都不如你，但选择到了一个比较容易拿到好成绩的通道，最后面对同一个院校专业的录取时，他可能会用比你还少的努力，得到了比你更高的总成绩，最后“弯道超车”把你打败。

更令人可惜的是，如果你当初选了和他同样的通道，你大概率还会比他更有优势。你学习的过程会更轻松，节省的精力又会把6科的总成绩提得更高。这就叫选择比努力更重要。

看到新高考的政策红利

为了实现高中和大学间的学段衔接，我们先从大学一侧提出要求，再通过成绩给定、志愿设置与录取规则的配套来保障实施，加在一起构成了新高考的选拔模式。

从2014年浙江和上海启动新高考试点至今，很多人谈起新高考还是一头雾水，对规则的设置还只停留在表面认知上，尤其更多人都在以“旧思维”来解读新高考，自然很难看到并获得政策的红利了。

新高考会带给考生哪些红利？比如：确定生涯方向变得更有实际意义，个人意愿能得到更充分表达，最大程度保证考生可以选到心仪专业，有机会把兴趣和特长变为高考优势，会拥有更多选择自主权，等等。

要想获得这些红利，必须要对规则有通透的理解认知，先看到它才有可能抓住它。

志愿可以得到充分表达和匹配

选科最终要在志愿填报和大学录取时见到“效益”，新高考用什么样的志愿设置和录取规则来释放选科价值呢？

目前各省采用的主要有两种形式：

一种是“院校+专业组”的模式。专业组就是有着相同选科要求的专业，放在一起就叫作一个专业组。比如上海模式，考生在填报志愿时，每个院校志愿后面可以填写 4 个专业志愿，4 个专业志愿都在同一个专业组内，如果出现专业调节，也是在同一个专业组范围内调剂。

另一种是“院校+专业”的模式。就是一个院校加一个专业构成一个组合，这就是考生的一个志愿。比如浙江模式，就是给了考生 80 个志愿，在满足选科要求的前提下，考生可以随意组合院校和专业，甚至可以锁定一个专业，然后换 80 所有这个专业的院校，也可以锁定一所大学，然后与它的 80 个专业做组合。

如果你按照选科的逻辑，在澄清自己未来发展方向的前提下，选择了某一选科组合，完成了高中阶段的学习，依据高考成绩选报志愿时，你会关注哪些问题呢？正是前面几章讲到的，能否在你高考分数对应的可选范围内，选到相对最适合自己未来发展的大学和专业。只不过与传统高考相比较，我们还会有如下红利：

第一，专业的匹配度会更高，不必担心专业调剂的问题。

“院校+专业组”模式下，即便考生被专业调剂，也是在同一个选科组合范围内，一般都会是同一专业大类或相近大类专业；“院校+专业”模式更不用说了，能够直接到具体专业，而且按照浙江之前的统计，一般考生在检索到第 50 ~ 60 个志愿时就都能被满足。这使得考生被录取的专业都是自己想学的，而且高中期间积累的学科基础也都会助力大学的专业学习。

这样看来，志愿数越多专业匹配度会越高，考生就有更多机会表达个人意愿，也就让“我的志愿我做主”从给定规则开始就具备了可能，但你说自己找不到目标，这不是规则的问题，而是你还没掌握澄清个人目标的方法的问题。

第二，个人意愿可以更充分表达，志愿填报更加简单。

一度有人说新高考增加了志愿数量，报考变难了。真实情况是志愿数量的变化并不大，尤其读了本书的人还会知道，给你的志愿数量越多，报考反而会越简单。

我们先算一笔账。传统高考本科部分一般分三个批次，每个批次会给 5 个院校志愿，每个院校可以填报 6 个专业，每个批次其实是 30 个志愿，三个批次就是 90 个志愿。而新高考呢？现在上海模式 24 个院校专业组，每组可填 4 个专业志愿，这就是 96 个志愿；浙江模式给了 80 个志愿，辽宁 112 个，山东 96 个……这样一看就清楚了，其实志愿数量没有太大变化。

再来看志愿数量与志愿填报时的难度。举个极限情况，还是

1 个学校加 1 个专业的组合是一个志愿，假设每个考生可以填报无限多的志愿，是不是你就可以在全部的大学和专业范围内去充分表达意愿了？而且按照平行志愿的逻辑，如果你写在前面的志愿没被录取，就是你的分数不够；但按志愿顺序检索下去，总会有你能去的大学和专业，这正是你的分数能够选到的最好结果。

看到了吧，这样的志愿设置，对考生更有利了。而且完全符合“七步法”选志愿的逻辑，只要你会“比较”，能把适合自己未来职业发展需要的大学和专业按意愿排上顺序，你就能得到相对最好。

第三，取消批次、分段录取对考生更有利。

前面讲过，批次是投档录取的操作流程次序，但划定批次的同时，进入靠前批次的学校也无形中受到了保护。新高考启动后，各省都在逐步取消批次，各大学的招生压力在变大，大学间的竞争，尤其是专业间的竞争更加激烈了。这对考生而言没有坏处，而且会与考生充分表达自身意愿相呼应。

在投档录取过程中，有的省份采用了分段填报、分段录取的方式：把考生按分数从高到低分成几段，第一段的学生先填报一次志愿，然后投档录取；没有被录取的考生可以与第二段的学生一起，再填报一次、再投档录取；依次类推。这样，分数更高的考生就会有更多次填报志愿的机会，最大程度保证了高分考生的志愿匹配和录取。这本身也是在保护考生，也是新高考的红利之一。

无论分数高低志愿都有得选

新高考录取的“两依据”是高考分数和等级考分数，高考分数指的是必选学科的统考成绩，等级考分数指的是选考科目等级赋分后的成绩，两样成绩总和加在一起作为录取依据，“3+1+2”模式中的物理和历史成绩不做等级转换，卷面分直接计入总分。

这样看来，因为有不同选科组合得到的成绩同时计入总分，单纯看分数之间的不同不能确定谁更具备优势，比如总分650分和500分的考生，选考科目可能完全不同，可选的院校专业范围也可能完全不同，不在同一个比较序列内，二者之间没有输赢，按之前说的，谁选到了最适合自己未来发展的“船”，谁就可能是胜利者。

从另一个角度看，往年的录取分可参考性也大大降低了。因为满足专业选科要求的选科组合不止一个，所以同一专业录取的学生会来自不同选科组合。来自哪些组合、每种组合学生的占比都是随机的，选科组合中的等级考分数，又来自当年考生卷面成绩所处位置的转换，同是520分的两个人，组成这个分数的科目可能是不同的，这些随机变量加在一起，再想拿往年的录取成绩作为当年情况的预判，几乎没有参考价值。同时，因为各专业的选科要求不同，录取到的学生选科组合也不同，所以不同专业间的录取分也没有可比性。

此外，和传统高考比，你不但无法预知比你分数高的人会报哪所学校，甚至连谁是比你分数高的人都不确定，因为你们可能选科组合有区别,可选的院校范围不一样,也可能不会有机会在一起做比较。这样看来,只有一件事最有意义,就是知道自己想要什么,知道自己想要的通过什么样的大学和专业能实现,然后按照“七步法”通过比较得出志愿的排序。给你那么多志愿,总有一个适合你。这完全是我的志愿我做主,分高分低都有得选。

扫清等级赋分的盲区

新高考“3+1+2”模式的高考总分是这样组成的:3门必选科目是全国统考,以卷面分计入高考成绩;1门首选科目和2门再选科目由各省自行命题并组织考试,首选科目以卷面分计入高考,再选科目经等级赋分后计入高考总分。

因为所有考生的必选科目都一样,所以直接比较卷面成绩就可以;首选科目虽然会有不同,但同样首选科目的考生被归为同一类,他们的招生计划的给定、志愿填报和排序录取都是同样的标准,所以首选科目也可以直接比较卷面分;只有再选科目,考生会各不相同,又有可能在一起竞争同样的招生名额,为了保证公平,要对不同科目考生获得的成绩赋予权重,以便于比较。

等级赋分,就是“先定等级再赋分”。具体操作为:

1. 把选择某一科目的考生按卷面成绩高低排序，考生会被确定一个等级，这个等级会对应赋分区间。根据实际，每个省份都会设置自己的分级原则。

2. 将考生在这个赋分区间内赋分，主要是为了给考生一个位置，把他在这一科所有考生中的位置用分数表示出来。实际当中，各省要确定在同一区间内，考生按几分为一个梯度划分档次，每个梯度为一级，赋分即根据考生落在第几级给予对应分数。

结合图 7.3 等级赋分转化逻辑示意图，我们看一个例子就清楚了。（下面的例子请大家重点理解其中的转换逻辑，各省实际操作时都会有各自分级赋分的具体原则。）

转换流程

转换公式

$$\frac{\text{区间最高分}-\text{考试成绩}}{\text{考试成绩}-\text{区间最低分}}=\frac{\text{转换区间最高分}-x}{x-\text{转换区间最低分}}$$

其中 x 四舍五入后取值即为最终成绩

图 7.3　等级赋分转化逻辑示意图

例如：现在的分级原则是排在前 10% 的学生为一级，在 90 ~ 99 分之间赋分，排在 10% ~20% 的学生为二级，在 80 ~ 89 分之间赋分，依次类推。如果有 1 万名考生选了生物，第一名学生卷面原始分 89 分；你的卷面成绩 86 分，排在第500 名，第1 000 名的学生卷面 82 分。怎么给你赋分呢？

1. 确定等级。按卷面分你排第 500 名，在前 10% 的范围内，所以被确定为一级，在 90 ~ 99 分之间赋分。

2. 找到位置。前 1 000 名学生都在一级区间内赋分，你的位置怎么确定？可以等比转换。

你的卷面 86 分，它在第一名 89 分和第 1 000 名 82 分之间的位置，应该对应于它在赋分区间 90 ~ 99 分之间的位置。把这个分数设成 x，那么“$(89-86)/(86-82)=(99-x)/(x-90)$”，$x$ 就是第 500 名的你等级转换后的分数。

如果把这 4 门再选科目都进行转换，那么不管你选的是什么科目组合，你的成绩都是你在省内所有选这科考生中的相对位置的反映，谁的位置相对靠前谁就成绩更高，这样就公平可比了。

完成 3+X 选科的结构流程法

我们曾说过，选科主要解决两件事：第一是获得日后报考心仪院校专业的资格；第二是找到可以获得最好成绩的科目组合。而一般来讲，会觉得下面几点比较难：

一是没有目标，不确定未来想要什么；

二是对大学和专业不了解，与自身需求建立不起联系；

三是对选科和录取规则认识模糊，觉得难以把握；

四是没办法预判学习潜力和各学科可能达到的程度；

五是担心将来的想法或情况出现变化，不知该如何应变。

这些难点与当前志愿选报过程中遇到的问题差不多，以致好多人会感觉这是把高考志愿提前了，还会认为本来到高三毕业都很难解决的事情，刚上高中就要确定不合实际。

其实对你而言，这些应该是早晚都要解决的问题，而且早解决一定比晚解决更有利。想想看，如果高一选科时把这些难点暂时搁置在一旁，高中这三年你又会为了解决它们投入多少时间和精力呢？到了高考选报志愿时，你解决问题的能力未必会有提高，反而还可能让自己在高中全程都只是在为了学习而学习。

延续“七步法”选志愿的思路，很容易看到精准选科的方法，我们的初衷还是面向未来发展需要，立足当下实际，在可选范围内找到相对最好。如图 7.4 选科结构流程法逻辑示意图所示，按照坐标系中从右到左的顺序，选科的逻辑是这样的：

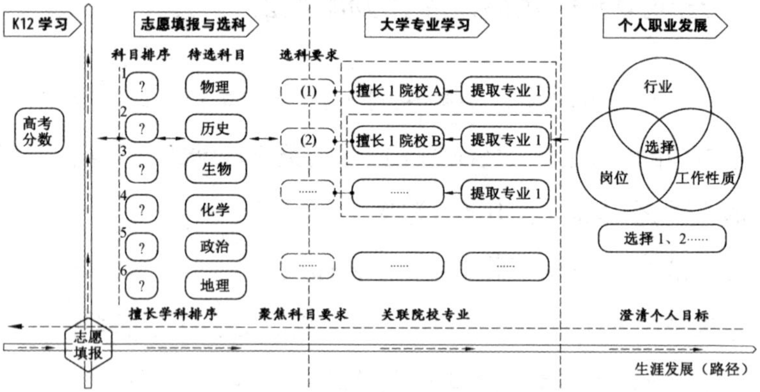

图 7.4　选科结构流程法逻辑示意图

澄清自己的目标需求是起点，在此基础上，从我们关注的行业入手，通过行业需求即可锁定意向专业的范围。专业都会有自己的选科要求，这时就可以先提取共性的要求作为自己的必选科目之一，再对其他学科做综合分析评价排出选择顺序，这样就能完成自己的选科了。具体怎么做？接下来就告诉你。

结构流程法的逻辑

如何通过选科“获得报考心仪院校专业的资格”？这需要确定自己的方向，之后与大学和专业建立起关联，这是你选科时的出发点。怎样选科“可以让自己高考录取时获得最具竞争力的成绩”？这需要找到自己的擅长所在，要有方法在待选科目中确定相对最擅长，这是我们选科的最终落脚点。

从“出发点”到“落脚点”，全程的操作即“结构流程法”。

所谓“结构”，就是根据结构拆分解构，不管多复杂的事情总有一个边界，将边界范围内的事情按逻辑拆解成局部小事，对局部小事分而治之就不难了。把选科这件事做结构化拆分，拆成几件组成它的小事，我们可以找到几个关键局部，分别是：自己未来的发展方向，与心仪院校专业的选科要求相关联，适配新高考的录取规则，能够结合自己的兴趣特长，不怕将来发生变化。这5件事做好了，选科也就完成了。

所谓“流程”，如同“扒白菜”，只要层层递进，就能扒到白菜心儿。就是把按结构拆解完的几件小事，按它们之间的因果关系排出先后顺序，按顺序将几件小事穿成串儿，以此为流程逐件事情去解决。对选科相关的5件事而言，要先澄清自己的需要，之后关联大学专业，之后确定选科范围，再之后通过比较确定相对最擅长，最后确保可以应变。按流程依次做完，原来的“死循环”就解开了。

选科的“结构流程法”与选报志愿的“七步法”如出一辙：考察大学和专业的12个维度，就是将志愿选报这件事，按结构变成了12件局部小事；再把这12件事按逻辑关系，以七步的流程完成筛选比较，最终得到相对最好。你看，是不是同样的逻辑？

这里有一个问题，既然选科的落脚点是找到自己最擅长学的学科，为什么不直接比较自己哪科学得最好呢？原因有二：一是如果直接比较哪个学科最擅长，即便能找到，你也并不确定它是否能服务于高考的目标；二是所谓擅长某一学科，一定也是相对更擅长，如果不通过具体大学和专业的选科要求圈定科目范围，你关于是否擅长的比较就会没有标准。

没有想要的目标就无法确定最终“落脚点”，能满足自己想要的目标就是一切事情的“出发点”。

选科的“破局点”是找到出发点

还是先“澄清”，再“比较”。澄清的是选择院校专业的目标方向，可以得到待选科目的范围；比较的是这些待选科目中，哪个是你的相对最擅长。

在本书第一章中，我们专门讲解了“澄清个人目标”，就是听到内心的声音，看到想要的未来场景，建立起它们与大学和专业间的关联。放在选科上可以这样来做：

第一个动作：澄清目标，建立关联。

我们对未来生活的向往，通常都会在现实当中有个对照的目标，可能是某一个人，是某一个人的某种工作状态或生活状态，也可能是一种职业、一个行业带给我们的感受，我们都是为此而努力的。

像图7.4中看到的，最终“行业”“岗位”和“工作性质”三者的结合才是我们未来的目标，倒推回来才能与大学和专业建立起关联。

结合第一章建立关联的方法，我们从行业或职业切入，依次问自己：

1. 面向想要的生活，在哪些行业相对容易成为我想成为的人？

2. 对我而言，进入其中的哪个行业最具条件和优势？立足现实我更倾向于朝哪个方向努力？

3. 这个行业一般都需要哪些专业的人才？

4. 对我来说，通过哪些专业的学习进入这个行业最可行？哪些专业可能是我擅长学的？

5. 哪所大学擅长培养这个专业的学生？

这里需要知道：一般来讲，本科专业都会归于某个专业大类，也都有其对应的一级学科、二级学科，通过大学的学科实力看专业强弱比较有参考价值，所以，可以通过国家学科评估结果，找到擅长培养某个专业的对应大学。

问到这里，我们就看到了大学和专业的组合。每个大学都会公布专业具体的选科要求，同一专业在不同大学可能会有不同要求，所以对于专业的选科要求，落在具体学校去了解会更稳妥。

第二个动作：汇总要求，提取共性。

这时，你就可以拿出纸笔，逐一记下相关院校专业的选科要求。此时，你一定会发现一个规律：在这些院校专业的选科要求中，会有一门或几门科目总是出现，甚至每个院校专业的选科要求都会提到它，对这样的学科，你已经不需要有任何纠结了，这是你必须选择的。而另外的科目如何选？通过比较，按照擅长程度排序即可。

这里你可能会担心："逐一记下相关院校专业的选科要求，这个工作量是不是太大了，我能做得过来吗？"完全能！

原因有两点：一是各大学大都依据教育部的"选科指引"指定选科要求，对专业有特殊选科要求的是极其少数的情况，你参照"选科指引"即可；二是"选科指引"中的选科要求一般按大类提出，全部大类加在一起总计才 94 个，而且同一学科门类下的专业大类要求会大量重复，一共没有几种情况。

具体操作时，可以将本节中的这两个动作，画在一张思维导图上，像图 7.4 中的逻辑流程那样操作，结合自己的实际动笔画一次，相信你会豁然开朗。

选到“最擅长”是选科的落脚点

选科到了最后，落脚点还是在比较哪个学科更擅长上，这既是对学习潜力的分析，也是对未来学习成果的预判，千万不能以“拍脑门儿”的方式得出结论。该怎么办？

一定要对标高考大纲做精算式分析，对待比较的学科再用一次“结构流程法”。我们来看一下如何操作。

每一门学科都是由知识点组成的，知识点与考点相对应。高中学习的知识点总会有一个最大边界，考点也一样，这个边界就是学科的“高考大纲”。这里同样可以借助思维导图，将“高考大纲”做拆分，每门学科都可以在思维导图中被拆成若干知识点，知识点之间还可以有相互关联的先后次序。

每科的高考大纲就如同一张“疆域地图”，其中的每个知识点、考点或是学习单元，都如同地图上的一座城池，它们之间相互有关联，也有递进关系。你在高中对这一科的学习如同要攻城拔寨、一统江山，能够占领多大的版图就能得到多高的分数。在这张地图上，现在的你已经有了几块儿根据地？是否稳固？现在正在攻打哪个山头？在接下来有限的时间里，你可以拿下多少城池？这些问题都能通过分析找到答案。

有多少座城池就是“结构”，城池间的逻辑关系就是“流程”，对几门待选学科分别做结构流程分析，就是分析这几张地图你能攻占到什么程度。不需要分析别人会占领到什么程度，也不需要算出每张地图你能占领的疆土的“绝对值”是多少，你只需要比较出，对于这几张地图你能占领的地盘会“相对更大”就可以，这就是你的学科排序。和你打游戏闯关一样，选择哪张地图，你能够过关的数量会多，就选哪张图来打。

关于大纲的问题，一定要请教你的高中老师，这张地图他再熟悉不过了，包括哪里有碉堡暗流，哪里可以直取要害，全在他的掌控之中，只要有了他的分析与指导，你就可以预知成败、决胜千里了。

原来，3+X 选科，最终要依靠的专家，就是自己身边的老师。只不过在请教他之前，先要自己走一遍结构流程，这样就可以谋定而后动了。

之后你还会有意外惊喜，你会发现，这张地图居然会成为你接下来迎战高考并最终赢得胜利的时间表和路线图，有了这一次结构流程法的经历，你高中阶段的每一分努力，都变成了在向理想大学迈进的每一步，你终于知道了你是谁、你想成为谁、你的未来会是什么样、你的理想人生该怎样从当下启航！

从此，你看清了自己是在为什么而学，你的学习有了方向。

这样的选科逻辑，会让你看清自己的所在，更会点燃你的学习动力，它与选报志愿的“七步法”一脉相承，会让你从选科起就已经在面向自己的未来了。“我的志愿我做主”，你的选科也一样能自己做主。

而对于未来的变化，读过本书的你早就不再惧怕，因为生涯处处是变化,生涯发展的一生本质就是应对变化的一生。只要你能听到得到自己内心那个不变的声音,时时处处都能面向自己的未来做出选择,你就总能在每个当下,立足现有基础实现更好的发展!

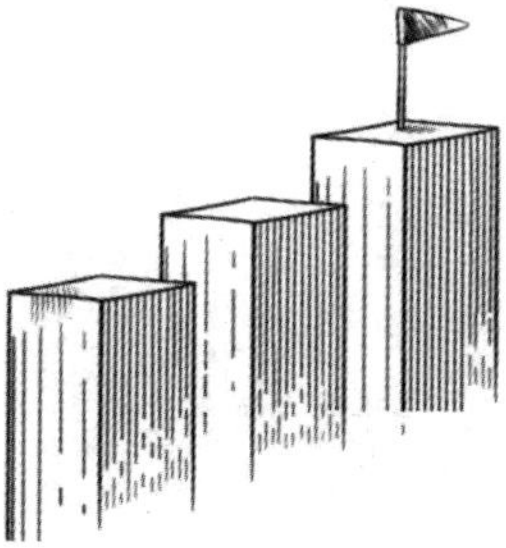

后　记

规划与应变

无论是高考志愿选报的“七步法”，还是3+X选科的“结构流程法”，都是在做人生志愿的选择。你在选择面前之所以纠结，是因为还不知道自己想要什么。如果选择让你觉得太难，要么是你努力错了方向，要么是你还没掌握真正的方法。

（一）为未来而选择

人生处处是起点，每个人都可以在现有基础上实现更好的发展。高考分数一确定，这就是你的现有基础，不管分数是高是低，你都能在可选的院校专业范围内，找到相对最适合未来发展的志愿，这就是新的起点。而当你走上了大学舞台时，不管录取结果是否满意，你仍然需要面对现实环境，在这个基础上去争取实现更好的发展。

真正的牛人，是在每一个当下都能正视自己的现有基础，与环境和谐相处，面向未来去积极地改进实践，成长每一天。他们会活在对未来的创造中，而不是纠结于对过往的感慨上。当所有的努力定格为成绩时，无论好坏都已成为过去，而往下的路，应该为未来而选择。

彼得·蒂尔曾经说过，未来之所以让人向往，是因为它会与现在有所不同。如果未来与现在相同，那就不叫未来。如果你接下来的每一天、每一年都没发生改变，那你就永远没有未来。

而未来从什么时候开始呢？是现在。此时此刻你做的每一件事都是未来画卷上的一笔，你期待的未来是什么，现在就去画什么，你想要什么结果，现在就去做怎样的选择。

（二）把握当下阶段

我曾为这样两名学生做过咨询：

前者是一所985大学的学生，当时大三，当年高考发挥不理想，始终对最终就读的学校和专业不满意，学习没有了劲头，多门挂科甚至想过退学，同时有到国外知名大学深造的愿望，不知何去何从。

后者是一名省重点高中的学生，当时正在读高三，高二开始时成绩日渐下降，主要质疑高考科目，认为凭什么这几科成绩就决定了一生的命运，甚至想不参加高考。

这两种情况很具代表性，根源都是“一叶蔽目，不见泰山”，当我帮他们看清了自己的“人生目标”和所处的“阶段方位”，问题都被轻松解决了——不做好当下小阶段，怎么成为人生大赢家呢？

这两名本身很优秀的同学都有着称得上远大的理想，在通往未来的道路上:前者因不接受环境而没有了动力,之后陷入不甘现状和无路可循的纠结;后者则因质疑规则而抗拒。

交流过程中我们都谈到了《哪吒》,“我命由我不由天”一度喊出了太多人的心声,尤其是“由我”两个字是每个人的向往,但如何做到呢?

首先要想实现“由我”的目标,必须先要保证“有命”,“命”都没了,何来“由我”?认清当前阶段的环境与规则,真正的牛人都不是质疑规则,而是敬畏规则,继而善用规则。

其次是即便实现了“由我”,你可以想干什么就干什么,但问题是你真的知道自己想要什么吗?当自由可以到来时,更难的是能认清自己,明确目标,或者说“自由”也是服务于想要的“结果”的。

最后,要想“不由天”,你要具备相应的能力,哪吒若非学有所成,哪来的英雄豪气?所谓的生涯发展,就是不要纠结于环境或规则是否如意,是要面向自己未来的目标,依托当前环境实现最快成长,巧用当下规则完成阶段跃迁,让每个阶段都为你所用!

这样看来,“七步法”正是让你把握当下,让高考志愿为你所用。

(三)我的阶跃人生

人生不是“线性发展”的,我们总是在某个高度上不断积累,积累到一定程度突然跃迁到了下一阶段,应该叫作“阶跃人生”。

当你用12年的积累换来了选择大学的资格，这是一次人生阶跃，而当你跃上大学的平台时，又要开始新的积累。志愿选择时的你就好比是一粒种子，一定要给自己选择一个适合成长的框架。什么框架适合？要看你想长成什么样的大树！

过去的20年，我从大学毕业去大型企业工作，到留校做辅导员、机关干部，再到通过公务员招录考试考入省委办公厅秘书处，之后又选择回到高校，一路走到大学招生就业处处长岗位并做出相应业绩后，又选择辞去行政职务转任大学教师同时创业，专注帮助更多人的生涯成长，跟着内心的声音走，每一次转折点上的选择都是毫不犹豫、毫不纠结的。那么多次的调整变化也让我明白："生涯规划"根本不是一眼十年的"规划生涯"，生涯发展的核心要旨应该在"应变"二字。

一个人的人生由若干个小阶段组成，就像我过去的20年，只要我们在每个小阶段内都做到了有目标、有方向、明天充满阳光和希望，最后又有能力把阶段任务完成好，下一个阶段就可以根据形势环境及自身需求的变化调整或改变方向，而且每次调整都会离自己内心的声音更近一步，如果人生是由若干个这样的"小阶段"首尾相连组成的，这不就是我们想要的人生吗？

每个人内心都有一个自己，每个自己都是独一无二、值得尊重的，人生就是不断走近内心那个"自己"的过程。其中会经历很多"小阶段"，高中是，大学也是，未来还是。阶段可长可短、可大可小、可从不同角度划分，可不管怎么分，它们之间一定是连续的、递进的、顺次衔接的，每个人经历的阶段也一定是独特的、有方向的、可以主观塑造的。

在每一个“小阶段”，所有已经发生了的和不可改变的都是外部的环境，就像你的高考成绩。你要让当下的“自己”与之和谐匹配，只要找到了“相对最好”的那条路，哪怕身处逆境，你也能实现最宝贵的成长，命运就可以始终把握在自己的手中！

立足当下，面向未来，把握“小阶段”，赢得“大人生”！

推荐参考资料

推荐广大考生准备以下与大学和专业考量相关的配套工具。

1. 高考志愿选报七步法实操表单

注:七步法选报志愿全程配套使用。

2. 七步法院校筛选关键参照数据一表通(黑龙江省,2018—2021 年度)

注:用于第一步圈定可选范围和第二步初筛院校比较。其他省份及后续年度数据持续更新。

3. 考量大学必察维度院校概况选摘一本通(494 所大学汇编)

注:用于大学相关信息查询。

4. 专业匹配度考量关键要素对标必备参考(92 个专业大类)

注:用于系统了解专业、专业大类与学科之间的对应关系,直接查询专业对应学科在国家学科评估中的上榜院校,各专业的培养目标及课程组成。

5. 行业—专业—学科—大学心动唤醒对照表(12 大类行业)

注：用于了解12大类行业内代表性企业、行业所需的代表性专业，专业对应的学科及国家学科评估上榜院校，看到相互间对应关系，助力读者快速从行业入手澄清个人目标。

6. 院校筛选平台（黑龙江，2019—2021年度）

注：微信小程序，用于对应年份、分数、位次间快速转换，查询搜索院校基本信息及相关录取情况。其他省份及后续年度数据持续更新。

更多帮助与资料获取可搜索关注微信公众号“未来桥教育”。